D1723195

Narrative Brand Planning

Frank Otto Dietrich • Ralf Schmidt-Bleeker

Narrative Brand Planning

Wie Marken zu echten Helden werden

Springer Gabler

Frank Otto Dietrich
Berlin
Deutschland

Ralf Schmidt-Bleeker
Berlin
Deutschland

ISBN 978-3-642-32919-7   ISBN 978-3-642-32920-3 (eBook)
DOI 10.1007/978-3-642-32920-3

Die Deutsche Nationalbibliothek verzeichnet diese Publikation in der Deutschen National-
bibliografie; detaillierte bibliografische Daten sind im Internet über http://dnb.d-nb.de ab-
rufbar.

Illustrationen: Thomas Weyres/Alexander H. Weber
Autorenfoto: Jacqueline Wiesner

Gedruckt auf säurefreiem und chlorfrei gebleichtem Papier

Springer Gabler ist eine Marke von Springer DE.
Springer DE ist Teil der Fachverlagsgruppe Springer Science+Business Media
www.springer-gabler.de

Aufbau des Buches

1. Einleitung: *Marken sind Gespräche*
   Warum das Marketing den Menschen wiederentdecken muss.

2. *Our World is a Narrative World*
   Warum Marken zwischen Narrative Identity, Narrative Media und Narrative Business stattfinden müssen.

3. *Narration und Konflikt*
   Warum der Konflikt der Kern von Geschichten ist und warum Marken ihn als Motor nutzen müssen.

4. Narrative Brand Planning in drei Schritten
   Warum die Markenführung einen neuen Denkansatz braucht und wie Marken Schritt für Schritt zu echten Helden werden.

5. Zusammenfassung und Ausblick: Der neue Horizont des Marketings
   Warum wir dieses Buch geschrieben haben.

Inhalt

Einleitung: Marken sind Gespräche

Wie war sie doch schön, die gute, alte Zeit der Werbung – drei öffentlich-rechtliche Sender gab es, dann waren da die Privaten, dazu gesellten sich Radiosender, Zeitschriften und Plakatflächen. Überschaubar war sie, die Medienlandschaft der Vergangenheit, überschaubar und vor allem ebenso einfach strukturiert wie beherrschbar. Ganz genau konnte das Marketing planen, ganz präzise entscheiden,

F. O. Dietrich, R. Schmidt-Bleeker, *Narrative Brand Planning*,
DOI 10.1007/978-3-642-32920-3_1, © Springer-Verlag Berlin Heidelberg 2013

welche Anzeigen, welche Radiospots zu buchen waren und wie vielen Menschen die Werbebotschaft dadurch zugetragen wurde.

Dann aber kam das Internet. Es kam mit aller Macht, brachte eine neue Zeit: Seither hat das digitale Zeitalter die herkömmlichen Kommunikationsstrukturen auf den Kopf gestellt. Ebenso gravierend veränderte sich das individuelle Erleben von Marken. Dies liegt vor allem daran, dass jeder Empfänger von Nachrichten oder Werbebotschaften zum potenziellen Multiplikator geworden ist. Hochvernetzte Individuen sind an die Stelle der Konsumenten alter Prägung getreten, denn für jeden Menschen mit Internetzugang hat sich die persönliche Kommunikationsreichweite um ein Vielfaches erhöht. Es wird gepostet, gebloggt, genetworkt, es wird zwischenmenschlich kommuniziert und interagiert. Konventionelle Werbung jedoch wird dabei höchst erfolgreich ignoriert.

Aufmerksamkeit ist ein begrenztes Gut und daher extrem begehrt. Wem sie zuteil wird, der wächst daran. Wer es schafft, Aufmerksamkeit für ein Produkt, eine Idee oder eine Dienstleistung zu gewinnen, der setzt sich letztlich durch. Konventionelle Werbung erzwingt Aufmerksamkeit durch Omnipräsenz: Konzertplakate werden hundertfach nebeneinander geklebt, Automobilfirmen buchen Anzeigen quer durch die Medienlandschaft, schalten Fernsehspots und veranstalten Gewinnspiele in Einkaufszentren. Es ist ein Wettlauf um das höhere Budget, um Präsenz auf allen Kanälen, um Masse, denn der Konsument gilt als scheues Wild. Damit es nicht entkommen kann, bläst man zur Treibjagd. Es geht um viel Geld, es geht um Verkaufszahlen, es geht um Profite und Wachstum. Da ist fast jedes Mittel recht. Das Dumme dabei ist nur, dass dem Konsumenten wiederum jedes Mittel recht ist, dieser Jagd zu entkommen. Er wird ungern zur Zielscheibe und reagiert immer empfindlicher auf die durchschaubaren Versuche, ihn dazu zu machen. Je enger man ihn umkreist, je präziser man ihn ins Visier nimmt, desto mehr perfektioniert er seine Fluchtinstinkte: er hört einfach nicht hin, er nimmt erst gar nicht wahr, er blendet möglichst viel aus.

An diesem Punkt könnte man anfangen, über noch bessere, weiter reichende und perfidere Marketingstrategien nachzudenken. Man könnte sich fragen, welche Kanäle noch hinzugebucht werden müssen, wo es überall Präsenz zu zeigen gilt und wie man das Schlachtfeld ausweitet. Man könnte an dieser Stelle aber auch die Systemfrage stellen: *Greift Werbung im klassischen Sinne überhaupt noch?* Kann traditionelles Marketing im digitalen Zeitalter noch Durchschlagskraft haben? Und ist es nicht vielmehr an der Zeit, ganz andere Wege zu gehen? Welche könnten das sein? Um diese letzte Frage beantworten zu können, gilt es sich zunächst klarzumachen, wen oder was traditionelles Marketing und klassische Werbung eigentlich vernachlässigen. *Warum stoßen Werbung und Marketing auf solches Desinteresse?* Warum möchte man ihnen am liebsten entgehen? Warum will kaum einer freiwillig hinsehen, zuhören oder teilnehmen?

Bislang haben sich Marketing-Strategen immer nur die eine Frage gestellt: Wie können die jeweiligen Zielgruppen erreicht werden? Der Erfolg bemisst sich dabei in Kontakten und Klicks. Das herkömmliche Marketing hat schlicht nicht verstanden, worum es heute eigentlich geht. Die Strategen wissen nicht einmal – Insights hin, Research her – mit wem sie es überhaupt zu tun haben. Sie haben keine Vorstellung von den wahren Bedürfnissen der Spezies Mensch, diesem sozialen Tier. Sie denken viel lieber in technologischen Kategorien, denn dies fällt ihnen leichter. Ihre Haltung ist die des Generalstabs, der vom Feldherrenhügel aus die Truppenbewegungen kontrolliert. Es ist aber in Wirklichkeit ganz egal, welche Reichweite eine Kampagne hat, wie viele Anzeigen gebucht werden, es ist einerlei wie viel *traffic* eine Webseite generiert. Die einfachen Botschaften kommen nicht mehr an, sie versickern. Es geht schon lange nicht mehr um Quantität, es geht um Qualität. Es geht um *komplexe Bedeutungen!*

Das Marketing hat verlernt, Bedeutungen zu erzeugen, weil es weiterhin auf die Durchsetzung von Werbebotschaften – von sogenannten *simple messages* – setzt. Diese aber sind nicht das, was Menschen hören wollen. Und sie sind schon gar nicht das, was Menschen tatsächlich spannend finden. Geschichten sind ein geeignetes Mittel, um komplexe Bedeutungen zu erzeugen. Werbeaussagen in gute Geschichten zu verpacken und per Werbespot zu versenden, das ist ein Kind der neunziger Jahre. Zu Anfang dieses Jahrtausends, also zur Blütezeit des Viral-Marketings, wurden tatsächlich so gute Geschichten erfunden und verbreitet, dass Menschen sie weitererzählten, indem sie die Videoclips per E-Mail weiterleiteten. Heute ist auch dies passé! Heute liegt die große Herausforderung darin, als Marke selbst zu einer guten Geschichte zu werden: *Don't tell a story, be a story!*

Marken müssen ihre Kommunikation, ja, ihr gesamtes Handeln darauf ausrichten, Realität zu erzeugen, um auf diese Weise in den Augen der Menschen tatsächlich zu einer guten Geschichte zu werden. Dafür aber braucht es einen neuen Ansatz der Markenführung. Einen Ansatz, der auf Geschichten setzt, der Konflikte nicht nur in Kauf nimmt, sondern sie bewusst erzeugt oder produktiv nutzbar macht. Einen Ansatz, der zum Mitgestalten einlädt.

Menschen reagieren auf Menschen, dies ist eine ebenso zentrale wie allzu häufig vernachlässigte Erkenntnis, die auch im System Wirtschaft ihre Gültigkeit hat. Kein technokratischer Prozess ändert daran etwas: Menschen bleiben Menschen und reagieren auf Menschen. Allerdings lassen Unternehmen und Organisationen bei der Entwicklung ihrer hocheffizienten Prozesse und Optimierungsmechanismen den Menschen selbst meist völlig außer Acht. Unternehmen denken in mechanischen Abläufen, müssen aber leider Gottes mit Menschen arbeiten.

Das heute vorherrschende Marketing ist ein Kind der Technokratie. Es gaukelt Effizienz vor und es vergisst dabei das Wesentliche: den Menschen. Um den aber geht es. Das müssen Marketing und strategische Markenführung einsehen, wenn sie im digitalen Zeitalter erfolgreich bestehen wollen. Consumer Research und Insight-Forschung gehen zwar tendenziell in die richtige Richtung, nur gehen sie dabei vom selben technokratischen Menschenbild aus. Noch immer gilt ihnen der Konsumenten als triviale Maschine, die mit Kommunikationsbotschaften ins Visier genommen und möglichst großflächig getroffen werden muss. Marken aber sind zu Kulturgütern geworden. Und als solche zählen sie nicht länger zum Besitztum von Unternehmen, sie gehören vielmehr den Konsumenten selbst: Marken sind kein Privatbesitz, sie sind Allgemeingut. Spätestens mit Anbruch des digitalen Zeitalters kann diese Entwicklung nicht mehr geleugnet werden. Die Menschen sind mittlerweile in den Medien angekommen, sie gestalten die Medien selbst. Die Wissenschaft hat dies auf deskriptiver Ebene längst erkannt, doch konnte sie es der Praxis – ob nur der des Marketings oder der der Werbeagenturen – bisher nicht erfolgreich vermitteln. Aufhalten lässt sich der Lauf der Dinge durch Wegschauen jedoch nicht. Die Folge ist, so paradox es klingen mag, dass die Realität in die Praxis hineinbricht. Die einzige Reaktion der Praxis bisher jedoch ist, alten Wein in neuen Schläuchen zu verkaufen. Sie verspricht „Marketing im digitalen Zeitalter" und bucht halt mal den Kanal „Facebook" dazu.

Markenführung darf im digitalen Zeitalter nicht vergessen, dass es nunmehr die Menschen sind, die die Medien gestalten. Und zwar so wie diese es wollen und nicht, wie es die Markenführung gerne hätte. Marken bestehen nicht aus Positionierungen. Es gilt, Marken als Geschichten zu verstehen! Und Geschichten drehen sich um Konflikte. Um spannend zu bleiben, brauchen Marken den Konflikt. Es braucht den Konflikt, um Aufmerksamkeit zu erhalten. Und dies lässt sich strategisch nutzbar machen.

Auch die schönste Illustration von Diffusionsprozessen in Netzwerken ist wertlos, wenn man dabei großzügig den Content vergisst. Denn es ist der Content, der den Prozess in Gang setzt und nicht umgekehrt. Und Content ist das, was der Mensch letztlich haben will. Content, der so spannend ist, dass er sich verwenden, verändern und weitertragen lässt – ganz egal, ob dies durch Blogs passiert oder mündlich auf dem Bolzplatz weitergetragen wird. Marken müssen als Geschichten gedacht werden, denn es sind Geschichten, die der Mensch braucht wie die Luft zum Atmen. Und es sind Geschichten, die Menschen, Agenturen, Medien und Unternehmen mobilisieren können. Geschichten können etwas, was simple messages nur versuchen: Geschichten vermögen es, Komplexität zu reduzieren und zu vermitteln, ohne dabei banal zu wirken. Mehr noch, sie können Sachverhalte thematisieren, die logisch nicht greifbar sind; Sachverhalte, die das logische Denken sogar vollkommen ausklammern würde.

Zwar arbeitet das Marketing schon seit geraumer Zeit mit Geschichten als rhetorischem Stilmittel. Schon lange ist das Storytelling auf Maßnahmenebene in aller Munde. Von einer strategischen Nutzung von Geschichten sind wir aber immer noch meilenweit entfernt. Und genau diese Frage ist der Gegenstand dieses Buches: Wie macht man Geschichten und Konflikte für die strategische Markenführung nutzbar?

Für die Beantwortung dieser Fragestellung machen wir im Folgenden zwei verschiedene Perspektiven auf. Wir schlagen zwei Pfade ein, die sich schließlich zu ein- und demselben Weg zusammenfinden werden. Marken entstehen erst durch menschliche Interaktionen und nicht auf den Reißbrettern der Werbe- und Marketingplaner. Schon seit einigen Jahren hat das Viral- und Mitmach-Marketing den Menschen unter dem Stichwort „Partizipation" wiederentdeckt. Was aber führt dazu, dass Menschen mitmachen, dass Menschen mitreden und mitgestalten?

Die zweite Perspektive, die wir einnehmen werden, ist sozusagen eine Top-down-Perspektive. Das Marketing und die strategische Planung in Werbeagenturen denken häufig ausschließlich in Technik und Kanälen, schaffen es mit diesen Methoden aber nicht, Bedeutung für Marken zu erzeugen. Unter der Prämisse, dass Marken durch die Addition von Bedeutung entstehen, möchten wir uns also fragen, was die Bedeutungstreiber sind, die Marketing und Werbeagenturen nutzen könnten. Beide Perspektiven vereinen also das schwer zu kontrollierende Moment des Mitmachens mit einem Konzeptionalisierungsanspruch. Dadurch lässt sich den Marken-Machern etwas an die Hand geben, mit dem sie auch arbeiten können. Beide Perspektiven münden also in einem konkreten Vorschlag für zeitgemäße Markenführung, dem Konzept des Narrative Brand Planning (NBP).

- Marken gehören den Konsumenten
- Geschichte erzählen.
  ↳ Geschichte dreht sich um Konflikte.

- Um spannend zu sein brauchen Marken den Konflikt

Our World is a Narrative World

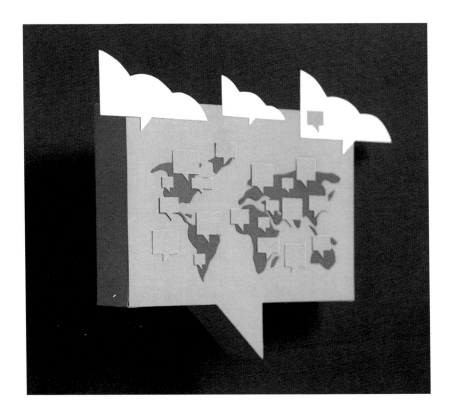

F. O. Dietrich, R. Schmidt-Bleeker, *Narrative Brand Planning*,
DOI 10.1007/978-3-642-32920-3_2, © Springer-Verlag Berlin Heidelberg 2013

2.1 Von der Ordnung zur Bedeutung

Sobald man über komplexe Markenmodelle, Markenstrategien oder narrative Markenführung im digitalen Zeitalter spricht, vergisst man schnell den eigentlichen Ursprung der Marken. Das „Markieren" von Produkten hat eine lange Geschichte, die bis weit zurück bis ins Altertum weist (vgl. Liebl 2006a). Zunächst diente das Markieren von Objekten allein der besseren Zuordnung. In archaischen Lebensformen sollte auf diese Weise schlichtweg geklärt werden, welcher Topf zu welchem Haushalt gehört. Hinzu kamen dann schnell weitere markierende Hinweise. Beispielsweise auf die Herkunft, auf technische Gegebenheiten der Produktionsweise und auf die verwendeten Werkstoffe. Ab dem 14. und 15. Jahrhundert, mit Aufkommen des internationalen Handels und der Entstehung größerer Manufakturen, beschleunigt sich der Entwicklungsprozess der Marke. Der Gedanke der Vertrauensbildung bekommt im Laufe der Zeit immer stärkeres Gewicht. Nicht mehr nur Handwerker und Künstler fertigen Produkte, sondern überdies Unternehmen und Organisationen. Käufer und Verkäufer werden bereits während der Renaissance einander weitestgehend unbekannt (vgl. Liebl 2006a, S. 26), sie sind mit Beginn der europäischen Moderne weit voneinander abgerückt. Am Beispiel des Porzellans lässt sich die Geschichte der Marke vortrefflich ablesen: Auf der einen Seite war Porzellan das bevorzugte Produkt im Welthandel und zum anderen in technischer Hinsicht einfach zu markieren. Die industrielle Revolution brachte gänzlich anonyme Massenmärkte hervor und schuf damit zugleich die Voraussetzungen für die Markenbildungsprozesse der Moderne. Von jenem Zeitpunkt an wird in immer schwerer zu durchschauenden Verfahren für anonyme Marktzusammenhänge produziert, nicht aber im Auftrag eines einzelnen, konkreten Kunden. Handwerklichkeit, Unmittelbarkeit und direkter Kontakt ist aus der Produktion, aus Handel und Vertrieb entwichen. Diese Entwicklungen führen dazu, dass die Marke und ihre vertrauensbildenden Kräfte mehr und mehr in den Vordergrund rückt (vgl. Liebl 2006a, S. 26).

Die Beziehung zwischen Käufer und Verkäufer hat sich im Laufe der Geschichte von einer persönlichen Beziehung hin zu einer Person-Objektbeziehung entwickelt. Die Aufgabe der Werbung lag zunächst darin, Vertrauen für ein an sich anonymes Produkt aufzubauen. Marken-Management stellte also schon in den Anfängen eine komplexe Herausforderung dar, weil es galt, menschliche Beziehungsmuster zu imitieren und dadurch die Anonymität der Produkte und Prozesse zu kaschieren. Marken-Management wurde im Laufe der Zeit wahrlich nicht einfacher. Erfolgreiche Marken haben sich zu hochkomplexen Referenzsystemen entwickelt, deren Aufgaben in einer Organisation ebenso komplex gestaltet sind. Dem westfälischen Marketing-Ingenieur Heribert Meffert zufolge müsse eine Marke für Kunden und Unternehmen verschiedenste Funktionen erfüllen: Sie habe Identifizierungs-, Orientierungs-, Vertrauens-, Kompetenz-, Sicherheits- sowie Image- und Prestigefunktionen (vgl. Meffert et al. 2002, S. 9–11). In Unternehmen und Organisationen ist das Marketing (eine Art Markenfachabteilung) für Gestaltung und Steuerung dieses Referenzsystems verantwortlich. In der Marketingpraxis wiederum haben sich hochspezialisierte Verfahren durchgesetzt, welche sämtlich auf Komplexitätsreduktion ausgerichtet sind.

Eigentlich komplexe und dynamische Bedeutungen werden dergestalt auf die eine fixe Markenpositionierung reduziert und im Kleide der Werbung den Menschen vermittelt. Dies geschieht in der Hoffnung, dass durch Wiederholung der Botschaft in den Massenmedien, also durch Redundanz in der Kommunikation, die erwünschte Wirkung erzielt wird und sich die Marke in der vorbestimmten Weise in den Köpfen der Verbraucher verankert. Zwar mag diese Hoffnung nicht unbegründet sein, doch der Erfolg ist gefährlich, denn dieses Verfahren führt letztlich zur Banalisierung der Marken. Und auf Banalitäten reagiert der Konsument früher oder später mit Desinteresse. Und sobald dies geschieht, droht die Marke in die Bedeutungslosigkeit zu fallen, indem sie ihren Charakter als komplexes Referenzsystem verliert und zu einer bedeutungslosen Markierung verkommt. In der Folge erscheint der eigentliche strategische Wettbewerbsvorteil, also nach Strategie-Papst Michael Porter die Differenzierung im Kopf des Verbrauchers (vgl. Porter 1985), in zweifelhaftem Licht oder verschwindet gänzlich. Eine Differenzierung ist nicht mehr gegeben, die Marke hört auf zu existieren, das Marketing hat versagt bzw. wurde seiner ureigentlichen Aufgabe nicht gerecht: Die Marke ist nicht länger unterscheidbar, weil sie keine wirkliche Bedeutung für die Menschen mehr hat, mag sie auch noch so bekannt sein. Messsysteme, die Bekanntheit von Marken skalieren oder das Relevant Set der Marken bei Konsumenten ausloten, sind jedoch bis auf den heutigen Tag Erfolgsbarometer im Marketing. Anstatt umzudenken und die eigenen Handlungsmaximen und -prinzipien zu hinterfragen, haben Unternehmen lieber den Werbedruck erhöht. Bekanntheitsgrad und Bedeutung sind jedoch zwei paar Schuhe.

Interessanterweise haben sich auch Werbeagenturen in ihrer heutigen Ausprägung dieser banalen Systematik unterworfen. Die strategische Planung innerhalb der Agenturen beruft sich auf denselben banalisierenden Ansatz wie die Marken führenden Unternehmen. Werbeagenturen spiegeln nicht nur immer häufiger die Strukturen der restlichen Wirtschaftswelt in Hinblick auf Größe und Verwaltung, sondern überdies deren Denkmodelle. Nur darf man dabei nicht vergessen, dass Kreativität ein wesentlicher Bestandteil des Geschäftsmodells Werbeagentur ist. Die Erzeugung von Bedeutung war, ist und bleibt die originäre Aufgabe kreativer Organisationen. Markenführung im Sinne einer Ordnungsoperation mit Hilfe essentialistischer Markenmodelle führt eben zu Ordnung im Sinne der Positionierung, der Zielgruppenansprache und der Unterscheidungsmöglichkeit, aber eben nicht unbedingt zu Bedeutung im Sinne von Popularität, Aneignung und Mitgestaltungsmöglichkeit.

Die eigentliche Herausforderung an erfolgreiche Marken oder solche, die dies werden wollen, liegt jedoch genau dort: Sie liegt in der Schaffung von Bedeutung und Bedeutsamkeit. Will man die Bedeutungsgenese strategisch nutzen und nicht nur im Sinne eines 30-sekündigen TV-Spots kurzfristig erzwingen, dann muss der Markenführungsprozess den Prozess der Schaffung von Bedeutung miteinbeziehen. Strategie bedeutet dann auch immer Kreation. In diesem Zusammenhang muss klar sein, dass Markenbedeutung im Kopf des Verbrauchers entstehen soll, nur so entsteht ein Wettbewerbsvorteil im Sinne Porters. An eine universale Fixierung von Bedeutung zu glauben, so wie sie das Reiz-Reaktions-Modell darstellt, ist nicht nur anachronistisch, sondern bleibt unverständlich. An dieser Stelle muss das Marketing umdenken. Zum einen braucht es ein flexibleres, dynamischeres Markenverständnis und zum anderen eine Arbeitsweise für Agenturen, welche deren ureigentliche Kompetenz der „spannenden Kommunikation" unterstreicht.

Marken sind kommunikative Phänomene, also Phänomene, die ausschließlich durch mehr oder weniger aktive Partizipation des Konsumenten entstehen. Dem „Narrative Turn", den auch das Marketing in den letzten Jahren zumindest in Teilen vollzogen hat, gilt es in diesem Zusammenhang große Beachtung zu schenken. Beispielsweise stellte Liebl vor wenigen Jahren fest: „[…] if a brand is not in a position to produce stories in the minds of the customers, its right to exist in the market is called into question (Liebl 2006a, S. 33). Ganz Ähnliches führt der britische Marketing-Wissenschaftler Stephen Brown im Sinn, wenn er betont: „Brands mean more than relatively fixed arrangement of associative nodes and attributes. Complexity, heterogeneity, dynamism, and paradox are integral aspects of the consumer-brand relationship. Not only are brands fixed cognitive associations of meanings; they are also dynamic, expanding social universes composed of stories. They are social entities experienced, shaped, and changed in communities" (Brown et al. 2003, S. 31).

Bevor wir aber einen Markenführungsansatz entwickeln, der den kommunikativen Herausforderungen der heutigen Welt gerecht wird, gilt es sich zunächst vor Augen zu führen, was die heutige Welt ausmacht: Erzählungen und Geschichten sind ein wesentliches, ja konstitutives Merkmal dieser Welt. Unsere Welt ist eine narrative, sie setzt sich aus Geschichten und Erzählungen, aus Diskursen und Diskussionen, aus Rede und Gegenrede zusammen.

2.2   Narrative World

Our World is a Narrative World! Am Anfang stand nicht die Technik, am Anfang standen nicht die Massenmedien – am Anfang waren Menschen und ihre
Geschichten. Die Geschichte der Menschheit ist eine Geschichte, erzählt in vielen
abertausend Geschichten. Dabei spielt es keine entscheidende Rolle, ob Geschichten in Form von Höhlenmalerei, Mythen oder Dichtungen festgehalten wurden.
Wichtige Geschichten wurden und werden weitererzählt. Von Mensch zu Mensch,
von Stamm zu Stamm, von Stadt zu Stadt, von Land zu Land.

   Menschen erzählen sich Geschichten, weil diese die Vorstellungskraft bedienen,
Zuversicht geben, Moral und Ethik vermitteln, Rechtfertigung und Erklärung liefern, mit Information sowie mit Rat und Warnung helfen und nicht zuletzt auch
der Unterhaltung dienen. Der Wert dieser Geschichten liegt nicht in der Wahrheit,
von der sie berichten, sondern in der Bedeutung, die sie generieren – sowohl für
den Zuhörenden, als auch für den Erzählenden. Es ist die Kraft der Bedeutungssu-
che und Bedeutungsproduktion, aus der heraus sich einer Geschichte eine Vielzahl
an Interpretationen und neuen Geschichten anschließen. Wie der Linguist Martin
Cortazzi erläutert, sind es Erzählungen und Geschichten, die unser Weltbild bestimmen: „Narrative is now seen as one of the fundamental ways in which humans organize their understanding of the world. […] Narrating is, after all, a major
means of making sense of past experience and sharing it with others" (Cortazzi
2001, S. 384–385).

   Das rationale Zeitalter, Industrialisierung und Technisierung des Alltags, Massenkommunikation und Massenmedien – die europäische Moderne also geht mit
der Entfremdung der Menschen von ihren persönlichen Erfahrungen einher. Der
persönlich erfahrenen Geschichte scheint der Boden entzogen. Der britische Orga-
nisationstheoretiker und Story-Experte Yannis Gabriel geht im Anschluss an Wal-
ter Benjamin sogar so weit, zu behaupten, das Geschichtenerzählen sei im Zuge
der Moderne beinahe ausgestorben. Ähnlich wie andere Handwerkskünste im
Laufe der Modernisierung. Nun schließt sich der Moderne jedoch unweigerlich
die Debatte über die Postmoderne an. Eine Diskussion, die an dieser Stelle nicht
ausführlich geführt werden soll, welche aber den Perspektivwechsel auf Geschichten aufzeigt: Stirbt die Geschichte in der Moderne, so erlebt sie an anderer Stelle in
der Diskussion um die Postmoderne ein grandioses Comeback. In der Moderne
war das Überleben der Geschichten noch fraglich; die Postmoderne jedoch hat das
Geschichtenerzählen wieder neu erfunden. (vgl. Gabriel 2000, S. 17). Narration ist
das A und O der Postmoderne. Die Geschichte scheint für die Postmoderne jenes
Element zu sein, welches Menschen verbindet und ihnen hilft, Daten und Informationen in Bedeutung zu transformieren. Akteure wie Medien, Unternehmen

und Konsumenten (also Menschen) spannen nicht nur den Bezugsrahmen dieser narrativen Welt auf, sondern bilden überdies den Aktionsraum für Marketing und Markenführung. Marken werden in diesem Aktionsraum zwischen *Identity, Media* und *Business* verhandelt. Der folgende Abschnitt dieses Buchs soll die Bedeutung von Narration und Geschichte in diesen Bereichen diskutieren.

2.2.1 Narrative Identity

Wer bin ich? Diese kleine Frage beschäftigt die Mitglieder der Menschheit seit Jahrtausenden. Heute gehen wir davon aus, dass sich Menschen ihre Identität selbst konstruieren, und zwar als Prozess. Die Bildung von Identität läuft auf das Konstruieren einer Geschichte hinaus, die Menschen über sich selbst „schreiben". Ganz ähnlich der literarischen Gattung der Autobiografie stellt Identitätsbildung also eine Art Narration dar. Dabei steht die Prozesshaftigkeit im Vordergrund und Ereignisse aus der Vergangenheit werden aktualisiert oder auch überschrieben. Es geht nicht um die Vollständigkeit einer Biografie, sondern um die Konstruktionsleistung, der zu sein, der man gerne sein möchte. Selbstverständlich verändern sich im Laufe eines Lebens die Vorstellungen über das Selbst. Man führe sich nur die Pubertät und die Geschwindigkeit der möglichen Wandlungen vor Augen, die eine bestimmte Person während dieser Zeit erfährt.

Der Lebensverlauf selbst lässt sich also als Geschichte schreiben und beschreiben. In diesem Zusammenhang ist von zentraler Bedeutung, dass Marken und Konsum wesentliche Rollen in diesem Konstruktionsprozess spielen. Mehr noch: Produkte bzw. deren Konsum können verstanden werden als eine Erweiterung des Ichs. Die Bedeutungen der Marken werden in den Identitätsgeschichten der Konsumenten prozessiert. Dies unterstreicht, wie wichtig die Betrachtung der narrativen Strukturen und Elemente von Marken ist.

Durch Verwendung und Gebrauch von Marken individualisieren sich die Konsumenten, Marken stehen beispielhaft für eine ausdifferenzierte post-traditionelle Kultur. Das global agierende Trendforschungsunternehmen Trendwatching.com sieht in der Suche nach Individualität die Suche nach der eigenen, einzigartigen Geschichte. Daher zierte bereits im Frühjahr 2008 einen der Trendberichte aus selbigem Hause die Überschrift „Status Stories". „As more brands (have to) go niche and therefore tell stories that aren't known to the masses, and as experiences and non-consumption-related expenditures take over from physical (and more visible) status symbols, consumers will increasingly have to tell *each other* stories to achieve a status dividend from their purchases. Expect a shift from brands telling a

story, to brands helping consumers tell status-yielding stories to other consumers"[1].
Es sind also Marken, die uns helfen, Geschichten über uns zu erzählen.
Auf der anderen Seite bilden Konsumenten unterschiedlichste Gemeinschaften.
Sie sozialisieren sich in Freundeskreisen, in Cliquen oder Online-Communities.
Sie gruppieren sich in oftmals flüchtigen Gemeinschaften. Konsumenten verhandeln Marken und ihre Bedeutungen in diesen Gemeinschaften. Marken dienen hier als Symbole zur Kommunikation und Interaktion innerhalb der Gemeinschaft. Sie werden als Bedeutungsträger, als Ausweisfunktion und Abgrenzungsmerkmal verwendet. Menschen und Marken verschmelzen in einen gemeinsamen Produktionsprozess von Geschichten und Bedeutung. Konsum und Narration spielen also für die Identitätskonstruktion und die Sozialisierung eine wichtige Rolle. Konsum findet in beiden Perspektiven als sinnstiftende Narration statt.

Ob Individualisierung oder Vergemeinschaftung – in beiden Fällen geht es um die Bedeutung, welche die Marken für Konsumenten haben. Der Anthropologe und Markenberater Grant McCracken bezeichnet die zentrale Aufgabe des Marketings als Meaning-Management (vgl. McCracken 2005, S. 175–191). McCracken geht davon aus, dass „meaning", also Bedeutung, den wichtigsten Werttreiber bei der Vermarktung von Produkten darstellt. Ferner führt McCracken aus, dass Kultur als übergeordneter Baustein diesen Werttreiber generiert. „Cultural meaning" ist die Grundlage, auf der Marken aufbauen. Marken ziehen ihre Bedeutungen aus kultureller Bedeutung. Im Kleide der Marketingmaßnahmen, wie zum Beispiel Event-Marketing, Public Relations etc., finden sie ihren Weg zu den Konsumenten und Bedeutung wird so erlebbar. Die Identitätskonstruktion durch den Konsum von Produkten unterstreicht den Zusammenhang von Kultur, Bedeutung und Marken. Die Bedeutungsquellen, die das Marketing anbietet, sind für die Selbsterfindung und Selbstergänzung zumeist besonders ergiebig (vgl. McCracken 2005, S. 178). Marken ziehen also ihren Wert nicht nur aus kultureller Bedeutung, sondern überdies aus dem Akt der Verwendung, dem konkreten Einsatz im Leben ihrer Konsumenten. Dadurch entstehen wiederum neue Bedeutungen bzw. Bedeutungsketten.

Die Zeiten, in denen das Marketing die Bedeutung von Produkten festschreiben konnte, sind also lange schon vorüber. Marken werden mit Bedeutung prozessual aufgeladen. Bedeutung entsteht daher jedes Mal neu, wenn das Produkt oder die Dienstleistung verwendet bzw. konsumiert wird. Das heißt nichts anderes, als dass es letztlich die Konsumenten selbst sind, die durch Verwendung und Konsum die Bedeutung von Marken stets neu verhandeln. Dieser Sachverhalt stellt dann sozusagen einen zweiten Produktionsschritt dar. Der französische, Soziologe, Historiker, Kulturphilosoph und Jesuit Michel De Certeau beschreibt diesen Produktions-

---

[1] Vgl. www.trendwatching.com, URL: http://trendwatching.com/trends/statusstories.htm.

schritt als eine Art Guerilla-Strategie oder als die List der Schwächeren in einem System ungleicher Kräfteverhältnisse zwischen Produzenten und Konsumenten (vgl. De Certeau 1988). Die tatsächliche Bedeutungsgenese der Marken ist sozusagen als strategisches Handeln von Konsumenten zu verstehen.

Konsum hat also ein aktives Element, Konsum beinhaltet Produktion, indem die Konsumenten Marken laufend interaktiv verhandeln. Konsumenten rezitieren keine Positionierungsstatements, sondern sie binden Marken in ihre sozialen Kontexte ein und produzieren so tatsächliche Bedeutung. Marken sind Gespräche. Sie finden in alltäglichen Konsumentengeschichten statt. Marken sind Teil einer Vielzahl von Identitätskonstruktionsprozessen, die in ihrer Komplexität zwischen Fragmentierung und Individualisierung auf der einen Seite und der Vergemeinschaftung auf der anderen Seite hin- und herspringen. Narration muss als eine Art Konstruktionshilfe verstanden werden, welche hilft, diese komplexen und widersprüchlichen Prozesse in Bedeutung zu transformieren. Die Geschichte ist der rote Faden in dieser chaotischen Welt.

2.2.2 Narrative Media

Von jeher haben Medien eine ausgesprochen narrative Qualität. In Form von Geschichten erzählen und berichten sie in unterschiedlichsten Genres, Formaten und Sprachen. Dabei ist das Thema der Medien oftmals Topgesprächsthema unter Freunden, am Arbeitsplatz oder auch im Kreise der Familie. Die Medienwissenschaftler McCombs und Shaw haben dies mit der Agenda-Setting-Hypothese von Bernard C. Cohen empirisch belegt und ausführlich dokumentiert (McCombs und Shaw 1972). Der kommerzielle Erfolg der Massenmedien gegen Ende des letzten Jahrhunderts zeugt ebenfalls von der Durchschlagskraft narrativer Phänomene in den Medien. Ob Blockbuster im Kino oder im Fernsehen, ob Titelstory in Magazinen oder in Tageszeitungen – Geschichten sind Motor der Medien und ausschlaggebend für ihren Siegeszug.

Selbstredend ist die Entwicklung der Massenmedien mit dem Aufstieg des Kapitalismus verbunden: Das Konsumprinzip bringt Medien mehr und mehr dazu, die Vermarktung von Produkten mit Inhalten zu umkleiden. Dabei war die Soap Opera nur der Anfang und genau das war ihr Konzept: Das Erzählen von leicht konsumierbaren Geschichten um Werbeblöcke herum. Diese Zusammenarbeit lassen sich die Verlagshäuser, Radiostationen und Fernsehsender fürstlich entlohnen. Anders ausgedrückt, das Konzept der Werbefinanzierung ist sehr lukrativ. Vielleicht liegt dies auch daran, dass mit der voranschreitenden Technisierung der Medien auch die Vorstellungswelt der Rezipienten verstärkt durch Technik und technokratische Anschauungen dominiert wird. Wie sonst ist es zu erklären, dass Marketingfachleute und Quotenverfechter immer noch Menschen und Medien in einen Reiz-Reaktions-Zusammenhang bringen möchten, obwohl diese Vorstellung im wissenschaftlichen Diskurs längst nicht mehr haltbar ist (vgl. Firat et al. 1995)? Dies mag im bereits erwähnten Geschäftsmodell der Massenmedien liegen, man glaubt halt das, wovon man profitiert. Dort, wo der Mensch einer trivialen Maschine gleichgesetzt wird, lässt sich mit ihm als Rezipient bzw. Konsument auch in maschineller Weise Geld verdienen. Und wer würde schon aufgrund besseren Wissens eine Maschine anhalten wollen, die zumindest potenziell bis in die Unendlichkeit Profite abwirft.

Interessanterweise war es der größte technische Fortschritt der letzten Jahrzehnte, das Internet, der die durch Technokratie geprägte Werbewirklichkeit der Massenmedien ganz schön auf den Kopf gestellt hat. Es wird immer offensichtlicher, dass der Mensch eben keine triviale Maschine ist und sich ganz anders verhält, als es die Mediaplanungsmaschinerie gerne hätte, nämlich menschlich. Das Internet in seiner heutigen Ausprägung rückt den Menschen und damit wiederum narrative Phänomene in das Zentrum der medialen Wirklichkeit. Blogs und Social Networks – Twitter und Facebook – immer mehr Menschen werden auf diese Tools aufmerksam, aber viele haben immer noch nicht verstanden, dass es nicht um die Tools geht, sondern um den Menschen, der das Tool benutzt. Steven Johnson beschreibt die Differenz zwischen Web 1.0 und seiner Nachfolgerversion 2.0 als ebenso extrem wie den Unterschied zwischen Wüste und Regenwald (vgl. Johnson 2005). Für Webgründer Tim Berners-Lee (vgl. Berners-Lee 2006, http://www.ibm.com) hingegen bleibt alles beim Alten. Die Idee von der gleichzeitigen Rezeptions- und Produktionsmöglichkeit von Content hätte schon immer im Zentrum des Phänomens Internet gestanden: „If Web 2.0 for you is blogs and wikis, then that is people to people. But that was what the Web was supposed to be all along." (vgl. Berners-Lee 2006, http://www.ibm.com). Welche der beiden Position man auch immer vertreten möchte – Tatsache bleibt, dass es im Web für den Einzelnen einfacher wird, Content zu erstellen und zu veröffentlichen. Aus der Makroperspektive betrachtet wird deutlich, dass schon immer technologische Neuerungen das Kommunikationsverhalten verändert haben. In diesem Zusammenhang sei einerseits auf Jürgen Habermas verwiesen, der das Aufkommen der Presse als ursächlich für die Entstehung von Öffentlichkeit sieht (vgl. Habermas 1994, S. 85–90), andererseits auf Niklas Luhmann, der die Evolution der Verbreitungsmedien, also die Entwicklung von Sprache, Schrift, Buchdruck und elektronischen Medien insgesamt in den „Trend von hierarchischer zu heterarchischer Ordnung und [den] Verzicht auf räumliche Integration gesellschaftlicher Operationen" (Luhmann 1997, Bd. I, S. 312) einordnet. Autorität werde, so Luhmann, durch Mediennutzung mehr und mehr überprüfbar. Eine Expertenmeinung beispielsweise war vor kurzem noch quasi unumstößlich. Nun kann sie durch die Beobachtung zweiter Ordnung mit Meinungen anderer Experten und auch Nicht-Experten verglichen werden. Dies eröffne wiederum Probleme der Bewertung und Bewertbarkeit der Beobachtung der Beobachtung: „Stimmt das, was gesendet wird, oder ist es durch ein besonderes Sendungsbewußtsein ausgewählt, stilisiert, verfälscht, erfunden?" (Luhmann 1997, Bd. I, S. 313). Diese Ausführungen Luhmanns kann jeder nachempfinden, der mal in Online-Foren und Blogs nach Rat gesucht hat.

Aus dieser Makroperspektive heraus betrachtet sind die technologischen Neuerungen rund um das Web nur eine Station auf dem Weg zu einer Gesellschaft, die jedem Kommunikant die Möglichkeit gibt, gehört zu werden. Ob sie jedoch tatsächlich wahrgenommen wird, hängt nach wie vor davon ab, *was* sie sagt. Die Funktionsweise dieses Netzwerks scheinen viele jedoch noch immer nicht wirklich zu verstehen. Nicht wenige erkennen zudem nicht mal an, dass es sich beim Internet um ein Netzwerk handelt, das aufgrund entsprechender Gesetzmäßigkeiten funktioniert. Insbesondere Werbetreibende betrachten das Web ausschließlich als einen weiteren Kanal, den sie zu Fernseh- und Radiowerbeblöcken hinzubuchen und mit Ihrer Botschaft bespielen können. Das Reizvolle ist ihnen die technische Machbarkeit. Diese technologische Perspektive versperrt jedoch den Blick auf das Wesentliche und Bedeutsame. Den Werbetreibenden ist gar nicht bewusst, dass nicht sie es sind, die im Netz kommunizieren, sondern dass dieses selbst kommuniziert. Schließlich handelt es sich um interagierende Menschen, die dieses Netzwerk bilden, nicht um passive Zuschauer. Es geht um menschliche Partizipation und nicht um die technische Interaktivität des Internets. Gerade diese beiden Begriffe „Interaktivität" und „Partizipation" werden häufig fälschlicherweise gleichgesetzt (vgl. Jenkins 2008, S. 137).

Im Mittelpunkt der digitalen Medienwelt stehen demnach nicht die Medien, sondern vielmehr die Nutzer. Sie pflegen ihre Freundschaften in sozialen Netzwerken. Sie stellen ihr Privatleben in aller Öffentlichkeit bloß und so den begehrten Content bereit, der bereits sozialen Netzwerken wie Facebook, Instagram oder Tumblr etc. enorme Mitgliederzahlen bescherte. Fast eine Milliarde Menschen sind mittlerweile allein bei Facebook registriert, von den kleineren Netzwerken ganz zu schweigen. Auch auf anderen Online-Plattformen produzieren Mediennutzer Content für andere Mediennutzer. Das Stichwort lautet „User Generated Content".

Der Content und damit die Attraktivität sozialer Netzwerke (und vergleichbarer Angebote desselben Prinzips) reproduziert sich sozusagen von selbst – jedenfalls solange eine ausreichende Anzahl an Mitgliedern aktiv Inhalte gestaltet. Bekanntermaßen geht es bei dem Internetdienst Twitter um die Idee, kurze Mitteilungen über das Internet zu verbreiten und so möglichst viele „Follower" zu generieren.

Im Grunde das klassische Erfolgsprinzip aller Massenmedien, nur mit dem Unterschied, dass es die Mediennutzer selbst sind, die quasi „live" Öffentlichkeit herstellen. Dies ließ sich zum ersten Mal beobachten, als Anfang 2009 ein Flugzeug im Hudson River notlandete: Noch bevor die Nachricht über die Ticker der Agenturen lief, hatte sie sich schon via Twitter verbreitet.

Zwar wurde in diesem Falle von einem Unglück berichtet, meistens dreht es sich aber um den Menschen selbst, der da berichtet. Es geht nicht um das objektive Ereignis, sondern um die subjektive Geschichte bzw. das Erlebnis desjenigen, der da twittert. Dabei erzählt man in Kurzform Geschichten über sich selbst: wo man gerade ist, was man so tut. Mit einem Wort: Auch bei Twitter geht es letztlich um die Inszenierung des Selbst mittels einer Form der Erzählung und durch das Verfolgen der Geschichten anderer.

Mit welcher Intensität sich Menschen an der Produktion von Fiktion im Internet beteiligen, lässt sich schon anhand der Vielzahl von Harry-Potter-Fan-Romanen erahnen. So lautet die Begrüßung auf einer der vielen Harry-Porter-Fan-Portale: „Welcome to harrypotterfanfiction.com, the oldest, (and best) unofficial dedicated Harry Potter Fanfiction site on the net. Founded in February 2001, we currently hold over 50.000 stories and receive, on average, over 40 Mio. hits per month". In seinem Buch „Convergence Culture" nennt auch Jenkins dieses Phänomen Fan Fiction. Ein Phänomen, bei dem beispielsweise Harry-Potter-Fans in schier unglaublicher Fülle weitere Abenteuer rund um ihren Zauberhelden produzieren und im Internet veröffentlichen. Hier besitzt die Ausgangsgeschichte die Kraft, weitere unzählige Geschichten zu erzeugen, eine Art unendliches Universum.

Was aber bedeutet dies für die mediale Wirklichkeit unserer Tage? Es geht weniger um die „Impression", die ein Medienangebot auf Menschen hat, sondern um die „Expression", die es generiert. Dabei ist eine Trennung zwischen Medienangebot und Markenkommunikation nicht gerade das Sinnvollste, denn die Grenze zwischen Unterhaltungs- und Markeninhalten ist fließend.[2] Es ist daher nicht verwunderlich, dass eine der großen Media-Investment-Beratungsagenturen, Initiative Media, mit dem Begriff von „Expression" eine neue, zeitgemäße Messgröße für die Bewertung von Markenimpacts eingeführt hat. Menschen konsumieren nicht mehr einfach nur Medien, sie drücken sich aus – sei es, indem sie ein T-Shirt tragen, das ihre leidenschaftliche Verehrung für ein bestimmtes Produkt bezeugt, oder indem sie ein Produkte durch einen Blog- oder Twitterpost ihren Freunden empfehlen, oder indem sie eine Parodie eines Werbespots auf Youtube veröffentlichen. Der

---

[2] Begrifflichkeiten wie Branded Entertainment oder Branded Content stellen eine Weiterentwicklung des Product Placement dar. Hier wird die gesamte Handlung eines Unterhaltungsformats unter den Namen einer Marke gestellt. Henry Jenkins verwendet den Begriff „lovemarks" (vgl. Jenkins 2008, S. 20 und 61–62).

Begriff „Expression" umreißt mithin das persönliche Investment des Kunden in die Marke und ist deshalb besonders wertvoll (vgl. Jenkins 2008, S. 68). Und wenn wir begreifen wollen, wieweit Kommunikationsmaßnahmen reichen, dann reicht es nicht, den Impact quantitativ zu erfassen. Mittels Zugriffs- und Kontaktzahlen erfahren wir nur, wieviele Menschen wir erreicht haben. Viel wertvoller aber wäre es, die qualitativen Folgen dieses Impacts in Erfahrung zu bringen. Dann wüssten wir, wieviele Menschen eine Maßnahme tatsächlich berührt hat.

Die Menschen aber haben mittlerweile die technische Möglichkeit, ihre Interpretationen und Fortsetzungen von Inhalten zu veröffentlichen und dadurch einerseits die Ausgangsgeschichte fortzuschreiben und andererseits vollständig neue Geschichten zu initiieren. Computer, Smartphones, Tablets etc. als Produktionsmittel und das Internet als Distributionsplattform bilden hier den medienökonomischen Rahmen. Produktion und Vertrieb von Meinungen und Geschichten sind umsonst, bezahlt werden die Multiplikatoren in Form von Aufmerksamkeit. In der narrativen Welt des Social Media ist Aufmerksamkeit eine Währung, die durchaus mit realem Geld konkurrieren kann. Die mediale Wirklichkeit von heute setzt auf den Menschen als scheinbar unausschöpfbaren Gestaltungsapparat. Innerhalb dieses neuen medialen Rahmens kann jeder Mensch Produzent seiner eigenen Geschichte sein und diese global distribuieren. Damit wird der Mensch zu einem mächtigen Player in dieser narrativen Welt, er wird zu einem wahrhaftigen Storyanimal.

2.2.3 Narrative Business

Für Menschen und Medien spielen Geschichten und narrative Phänomene eine herausragende Rolle. Der konstitutive Zusammenhang zwischen Konsum und Identitätskonstruktion, zwischen Partizipation und der heutigen Medienwelt, ist deutlich erkennbar. Kultur und Bedeutung bilden hier den Kontext, in dem sich Menschen, Marken und Medien bewegen. An dieser Stelle stellt sich die Frage, ob Narration auch im System Wirtschaft einen ähnlichen Stellenwert einnimmt. Um dies vorwegzunehmen, die Antwort lautet ja!

Einer der größten „Mythen" ist, dass Wirtschaft anderen Strukturen unterliege als den bereits erwähnten menschlichen narrativen Prinzipien. Geschäftsvorgänge werden allzu gerne als das Ergebnis rein rationaler Faktenschau dargestellt und begriffen. Dies aber ist eine Selbsttäuschung: Warum sollte gerade das System Wirtschaft nicht nach allgemein menschlichen Prinzipien funktionieren? Warum sollte gerade das System Wirtschaft in der Lage sein, narrative Strukturen auszublenden, wo sie doch zur menschlichen Grundausstattung gehören? Nun, die Begriffe Geschichte und Narration haben für die Statistiker und Empiriker schnell ein „Gschmäckle". Alles Erzählerische ist ihnen zu nahe an der Fiktion oder gar der Lüge gebaut. Dabei liegt es auf der Hand, wie häufig in Geschäftsprozessen von Geschichten die Rede ist. Ryan Mathews und Watts Wacker, laut Financial Times unter den 50 weltweit einflussreichsten Denkern, halten in ihrem Buch „What's your story?" das Geschichten-Erzählen für die wichtigste Aufgabe der Unternehmensleitung. Die Autoren bezeichnen die Story gar als eine schlagkräftige, strategische, aber meist ungenutzte Waffe. „Storytelling has the power to change the destiny of a company, an industry, a nation, and – ultimately – the world. It's a force as powerful and universal as gravity and, sadly, often almost as invisible to the people it impacts. What would you say if we told you storytelling was the most underutilized weapon in most companies' strategic arsenals?" (Mathews und Wacker 2008, S. 7). Mal abgesehen von der etwas deplazierten Kriegsmetaphorik unterstreichen Mathews und Wackers Aussage nur die Reichweite und Leistungsfähigkeit guter Geschichten. So simpel und archaisch diese Vorstellung auch sein mag, wer nicht in Geschichten denkt, begeht im System Wirtschaft gravierende, um mit Mathews und Wacker zu sprechen, „kriegsentscheidende" Fehler. Der Slogan des deutschen Wirtschaftsmagazins Wirtschaftswoche lautet: „Nichts ist spannender als Wirtschaft". Ein Versprechen, das mehr nach Hollywood klingt als die nüchterne Vorstellung, es mit einer Fakten- und Zahlenwelt zu tun zu haben. Mit einem Wort: Wer die Kraft von Geschichten unterschätzt, handelt unter Umständen fahrlässig.

Unter bestimmten Umständen kann eine gute Geschichte, auch wenn sie nicht stimmen mag, ein gesundes Unternehmen ruinieren. Im Sinne einer self-fulfilling prophecy kann eine Geschichte Realität erzeugen: das Gerücht wird Wirklichkeit. Denken wir an das Top-Thema dieser Zeit, an die Finanzkrise. Und nehmen wir an, es hielte sich hartnäckig ein Gerücht, welches besagen würde, die Bank XY stünde kurz vor der Pleite, weil der amtierende Bankvorstand die letzte Liquidität für die eigenen Bonuszahlungen aufgebraucht hat. (Zugegeben eine recht plausible Geschichte in diesen Zeiten, hier aber gehen wir mal von reiner Fiktion aus). Das Gerücht findet Verbreitung und wächst sich zur Spekulation aus. Daraufhin stürmen die Kunden die Bankautomaten und Filialen der besagten Bank, um ihr Erspartes vor der drohenden Pleite zu retten. Dadurch aber verliert die Bank auf einen Schlag all ihre Liquidität und geht tatsächlich pleite (so geschehen in den USA im Jahre 1929). Welcher Finanzvorstand dann noch glaubt, die Wirtschaftswelt sei eine Faktenwelt, der handelt grob fahrlässig. In einem Artikel des Wirtschaftsmagazins brand eins erklärt Klaus Merten, emeritierter Professor für Kommunikationswissenschaften (Universität Münster): „das Gerücht ist immer eine bessere Geschichte als die Wahrheit" (Vicari 2009, S. 96). Das Gerücht kann mehr als die Wahrheit selbst, deshalb ist es so gefährlich. Ihr mit der Wahrheit, also im Sinne der Logik mit Fakten zu begegnen, erscheint zwecklos. Zwischen Wahrheit und Fiktion unterscheiden zu wollen, ist auch für Mathews und Wacker der falsche Weg. Die beiden Autoren führen niemanden Geringeren als Platon ins Felde, der zwischen

Fakten und Mythen, also zwischen „True Stories" und „Truth Stories" unterscheidet[3] (vgl. Mathews und Wacker 2008, S. 18).

Auch das System Wirtschaft braucht Geschichten, um das, was produziert und verkauft wird, in einen größeren Sinnzusammenhang zu stellen. Wenn man ein erfolgreiches Geschäftsmodell als „Erfolgsstory" bezeichnet, merken wir bereits, dass etwas nicht stimmt. Geschäftsmodelle können als konzeptionelles Tool verstanden werden, das aus verschiedenen Elementen und deren Relationen besteht. Nur verfällt man dem Irrtum, dass es sich dabei ausschließlich um den Erfolg als Rechenmodell handelt. Geschäftsmodelle sind nicht identisch mit Excel-Tabellen und Umsatzvorschauen. Diese sind Nebenprodukte des Geschäftsmodells, Papiertiger und Stützkrücken zugleich. In ihrem Artikel „Why Business Models Matter", veröffentlicht im Harvard Business Review, bringt Joan Magretta, Management Consultant und Autorin, dies sehr anschaulich auf den Punkt: „The word ‚model‘ conjures up images of white boards covered with arcane mathematical formulas. Business models, though, are anything but arcane. They are, at the heart, stories – stories that explain how enterprises work" (Magretta 2002, S. 87). Rolf Jensen, Direktor des Kopenhagener Instituts für Zukunftsforschung, geht davon aus, dass Unternehmen mit den besten Geschichten die Märkte im 21. Jahrhundert dominieren werden. In seinem Buch „Dream Society" beschreibt Jensen den Wandel einer Informationsgesellschaft hin zu einer Gesellschaft der Träume. Für Unternehmen bedeutet dies, dass es nicht mehr ausreicht, nützliche Produkte herzustellen, sondern dass in erster Linie Emotionen verkauft werden. Auch hier wird die Geschichte zum strategisch wichtigen, wenn nicht sogar entscheidenden Faktor (vgl. Jensen 1999).

Ob ein Geschäftsmodell Erfolg hat oder scheitert, ist also nicht (nur) eine Frage des Rechenmodells, sondern vielmehr auch eine Frage der Narration, der Geschichte. Magretta spricht sogar von einem „narrative test", den es zu bestehen gelte (vgl. Magretta 2002, S. 90). An dem Punkt, an dem sich auch das Geschäftsmodell um Narration dreht, folgt erneut der Schluss, dass die Vorstellung einer strengen Zahlenwelt einer emotionaleren Vorstellung weicht, die näher an den menschlichen Grundbedürfnissen dran ist. So wie die Menschen ständig neue Geschichten suchen und damit ihren Existenzen Bedeutung verleihen, unterliegen auch Unternehmen einer ähnlichen narrativen Dynamik. Die Logik von Geschäftsmodellen funktioniert nur dann, wenn sie auch als Narration funktioniert, und das immer wieder neu. „Creating a business model is, then, a lot like writing a new story. At

---

[3] Während Geschichten rund um Berichterstattungen, Aufzählungen und Fakten „true stories" sind, versteht Platon Mythen als „truth stories", weil sie den Inhalt, die Geschichte in einen größeren Zusammenhang bringen. Es geht also weniger um Wahrheit als vielmehr um Erkenntnis. Daher wäre es auch banal Mythen als fiktive Geschichten von Göttern und Monstern abzutun. Auch wenn sie offensichtlich Fiktion sind, tragen sie eine Wahrheit in sich.

some level, all new stories are variations on old ones, reworking of the universal themes underlying all human experience" (Magretta 2002, S. 88).

Eine gute Geschichte ergibt sich zum Beispiel daraus, dass ein Sternekoch eine Currywurstbude eröffnet, weil er keine Lust mehr auf Sterneküche hat (vgl. „Curry 73" in München, http://www.curry73.de). Zwar beschreibt Sternekoch Stromberg seine Wurstkreation als einzigartig, dennoch wird wohl nicht die Wurst den Unterschied machen, sondern die Geschichte, die man sich erzählt. Die Produktbeschreibungen des Versandhandels Manufactum („Es gibt sie noch, die guten Dinge") arbeiten ebenso mit Geschichten – liebevoll Manufactum-Prosa genannt. Noch narrativer wird es beim Online-Shop exboyfriendjewelry.com. Hier bieten vornehmlich Frauen den Schmuck an, den sie von ihren Verflossenen geschenkt bekommen haben. Das worum es geht, ist natürlich nicht unbedingt der Schmuck, sondern die Trennungsgeschichte, die von den Frauen in der Produktbeschreibung erzählt wird (vgl. http://www.exboyfriendjewelry.com). Der Erfolgsfaktor dieses Geschäftsmodells ist also das Drama um die Liebe.

Im Grunde hat bereits die Marke als kommunikatives Phänomen das Geschäftsmodell von den technokratisch Vorstellungswelten entkoppelt. Marken sind nicht nur immaterielle Wertgegenstände der Unternehmen, sondern sie sind Gegenstand von psychologischen und sozialen Phänomenen und Prozessen. Eine Marke ist ein kultur- und konsumentenabhängiges Hologramm, ein Feld der Distinktion und Interaktion. Es lässt sich daher nur schwer nachvollziehen, warum Marken als soziale Phänomene in der betriebswirtschaftlichen Praxis nicht ernst genommen werden. Es ist amüsant, wie hartnäckig Unternehmen dem Glauben an die technische Konstruktion und Fixierung von Markenbedeutung anhängen. Vielleicht liegt es daran, dass sich Werbeagenturen und Marken führende Unternehmen eine Vielzahl an logischen Werkzeugen gebaut haben, die es einfach einzusetzen gilt, weil sie nunmal da sind. Und mag das auch noch so falsch sein. Die Marke ist als nicht-materieller Unternehmenswert oftmals das wichtigste Asset eines Unternehmens überhaupt. Interessanterweise lässt sich die Marke und ihr Wert in einer Unternehmensbilanz jedoch gar nicht darstellen (vgl. Bartle 1997, S. 33). Dies zeigt, dass sich die betriebswirtschaftliche Logik schwer tut mit kommunikativen Phänomenen wie beispielsweise Markenbedeutung, nicht mehr, aber auch nicht weniger. Der frühere Unilever Chairman Sir Michael Perry formuliert die den Marken innewohnende Gegensätzlichkeit zwischen betriebswirtschaftlicher Unkalkulierbarkeit und zwingendem Investment wie folgt: „The major assets of a consumer business, overwhelmingly, are its brands. They are incalculable value. They represent both its heritage and its future. To succeed as a consumer products business there is no alternative but to invent, nurture and invest in brands" (Bartle 1997, S. 33). Perry bringt damit, ohne es zu wollen, die betriebswirtschaftliche Logik ganz schön durcheinander. Wie kann es sein, dass ein unkalkulierbarer Unternehmenswert das wichtigste Asset ist? Und warum sollte man in einen unkalkulierbaren Wert investieren? Das ist aus betriebswirtschaftlicher Sicht zunächst nicht nachzuvollziehen. Zumindest in dieser Überspitzung soll deutlich werden, wie schwer sich die Betriebswirtschaft mit dem Phänomen Marke tut. Genauso schwer fällt es ihr, die Markenbedeutung im Sinne einer Geschichte zu managen. Marketing ist tatsächlich als Bedeutungsmanagement zu verstehen. Das Geschäftsmodell sollte als Teil dieser narrativen Welt verstanden werden. Bauch schlägt Kopf – die Betriebswirtschaft täte gut daran, ihre logischen Kompetenzen nicht überzustrapazieren.

2.3   Fazit: Marketing and Narrative World

Wir leben in einer narrativen Welt, in der die Geschichte in das Zentrum der Wertschöpfung rückt. Konsum muss als ein identitätsstiftendes Phänomen betrachtet werden, als kreativer Prozess, der, im Sinne einer Geschichte, hilft, die eigene Autobiografie zu schreiben. Das Internet ist Treiber und Indikator dieser Entwicklung zugleich, denn für jeden Menschen mit Internetzugang hat sich die potenzielle persönliche Kommunikationsreichweite um ein Vielfaches erhöht. Auch im Internet finden Marken als Teil der Konsumentenrealität ihren Raum. Marken sind Gespräche, Marken sind kommunikative Phänomene, die sich durch Gespräche konstituieren. Auch Geschäftsmodelle sind wiederum Geschichten, die man sich im besten Falle gut und gerne erzählen kann. Das Geschäftsmodell auf die Zahlenlogik reduzieren zu wollen, ist vor dem Hintergrund der komplexen kommunikativen Herausforderungen unserer Zeit sogar grob fahrlässig.

Macht dieser narrative Dreiklang aus Identität, Media und Business zwar nur einen kleinen Ausschnitt von Welt sichtbar, so lässt sich dennoch sagen, dass eben dieser Ausschnitt die Rahmenbedingungen für erfolgreiches Marketing setzt. Für das Marketing lässt sich dieser Dreiklang wie folgt als Bullet-Points zusammenfassen:

Die Geschichte schafft Identität.
Die Geschichte schafft Öffentlichkeit.
Die Geschichte schafft Profit.

Was macht aber nun eine *gute* Geschichte im Sinne der Markenkommunikation tatsächlich aus? Welche Elemente führen zur Diffusion dieser Geschichten? Noch sind diese Fragen offen. Es gilt, einen Markenführungsansatz zu entwerfen, welcher der narrativen Welt gerecht wird. Einen Ansatz, der weniger ordnet, sondern Bedeutungen schaffen kann. Einen Ansatz, der den Menschen ernst nimmt. Ganz offensichtlich muss ein Markenführungsansatz in einer narrativen Welt ein narrativer sein. Im Folgenden werden wir uns deshalb der Fragestellung widmen, was der Kern von Geschichten ist. Wir werden zu dem Ergebnis kommen, dass es sich um den Konflikt handelt. Allein der Konflikt treibt Geschichten voran. Im Anschluss werden wir überlegen, wie man im Sinne eines neuen Markenführungsprozesses mit dem Konflikt arbeiten kann. Wir werden also etwas ins Zentrum unserer Überlegungen rücken, was Marketing und Werbung ansonsten scheuen wie der Teufel das Weihwasser: die Uneinheitlichkeit, die Widersprüche, die gegenläufigen Ansichten und die kollidierenden Meinungen.

Narration und Konflikt

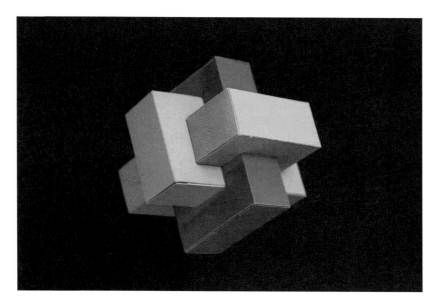

„Brothers and sisters, we are gathered here today to mourn the death of Story. As you may have heard, it's kaput – or, at the very least, terminally ill, wracked by videogames, wikis, recaps, talkbacks, YouTube, ADD, and the rise of a multiplatform, multipolar, mashup-media culture", so Scott Brown, Kolumnist des Wired-Magazins, am 19. Januar 2009 (Brown 2009, http://www.wired.com). Das klassische Storytelling sei Geschichte, alle Theorien, Konzepte und tradierten Vorgehensweisen im digitalen Zeitalter für die Katz. Natürlich ging es Brown mit diesen Aussagen mehr um Provokation denn um eine nüchterne Bestandsaufnahme. Und einschlägige Reaktionen ließen nicht lange auf sich warten: „I think Brown is dead wrong. [...] The reality is that new tech and transmedia are making traditional storytelling

F. O. Dietrich, R. Schmidt-Bleeker, *Narrative Brand Planning,* 25
DOI 10.1007/978-3-642-32920-3_3, © Springer-Verlag Berlin Heidelberg 2013

stronger", hält Matt Mason, Autor des Buchs „The Pirate's Dilemma" auf seinem
Blog dagegen (Mason 2009, http://www.thepiratesdilemma.com). Keineswegs sei-
en die Prinzipien des Storytellings widerlegt, sondern sie bestätigten sich vielmehr.
Es gehe nach wie vor um zentrale menschliche Qualitäten und nicht um die Medien, die Storys erzählen.

Wir möchten uns zunächst dieser Meinung anschließen und uns – ganz traditio-
nell – mit der Frage beschäftigen, was der Kern einer Geschichte ist. Dann möchten
wir noch einen Schritt weiter gehen und zeigen, dass dieses Element, das wir als
Konflikt bezeichnen, nicht nur Kern von Geschichten ist, sondern sich auch im
„realen Leben" als Motor von Individuum und Gesellschaft wiederfindet.

3.1 Über die Anatomie von Geschichten

3.1.1 Narration vs. Geschichte

Was versteht man unter einer *Geschichte?* Worin unterscheidet sich die Erzählung,
die Narration von dem, was sie erzählt – von der Geschichte, der Story? Die Geschichte ist nicht der Text, vielmehr kann man erstere von letzterem abstrahieren.
Der Kern einer Erzählung ist die erzählte Geschichte. Die Erzählung ist der Modus,
die Geschichte der Gehalt. Es ist die Geschichte, die beim Leser im Kopf entsteht
und beispielsweise durch einen Text erzählt wird. Der französische Literaturwissenschaftler Gérard Genette nennt das, was die Geschichte erzählt, *discourse* und
die Geschichte selbst *histoire* (vgl. Genette 1994). Der russische Formalismus wiederum trennt zwischen *fabula,* der Geschichte, und *sujet,* dem, was die Geschichte
trägt (vgl. Propp 1972). Wir werden im Folgenden zwischen Narration und Geschichte unterscheiden. Narration steht für den Akt des Erzählens, vermittelt durch
ein bestimmtes Medium (also beispielsweise mittels eines Textes, eines Bildes, eines
Films etc.). Unter einer Geschichte wiederum wird der Gehalt der Erzählung begriffen, unabhängig vom verwendeten Medium. Die Trennung von Narration und
Geschichte sind für uns von besonderer Bedeutung, da es beim Narrative Brand
Planning darum gehen soll, eine Geschichte (*histoire*) zu konzipieren und sie über
verschiedenste Medien zu erzählen (*discourse*).

Der Drehbuchtheoretiker Robert McKee bezeichnet eine Geschichte als ein ein-
ziges großes Ereignis, das zwischen Anfang und Ende bei einem Charakter einen
unwiderruflichen Wandel hervorruft (vgl. McKee 1997, S. 41). Vergleicht man
also den Helden am Anfang der Geschichte mit der selben Person am Ende der
Geschichte, muss bei ihm irgendeine Transformation stattgefunden haben. Es ist

genau dieses transformative Element, was Sachtexte von Geschichten unterscheidet. Als *narrative Phänomene* bezeichnen wir Informationen, die sich durch eine Grenzüberschreitung auszeichnen, die zu einer Transformation führt. Ein Beispiel ist die eingangs formulierte Geschichte des Sternekochs, der eine Currywurstbude aufmacht. Ein Protagonist, der die Grenze von der Haute Cuisine zum Fastfood überschreitet.

Die Narrativik (auch Narratologie) beschäftigt sich mit der Kunst des Erzählens und der Struktur von Erzählungen und Texten. Sie verschafft uns ein besseres Verständnis des Transformationsaspekts von Geschichten. Der russische Literaturwissenschaftler und Semiotiker Juri Lotman entwickelt in seiner Publikation „Die Struktur literarischer Texte" eine strukturale Erzähltheorie, die sich weniger der zeitlichen, sondern mehr der räumlichen Organisation erzählender Texte widmet. Lotmans Grenzüberschreitungstheorie (vgl. Lotman 1972, S. 300–393) eignet sich besonders für unsere weiteren Betrachtungen und wird im Folgenden kurz dargestellt.

3.1.1.1 Semantische Räume und Grenzüberschreitungen

Die Grundüberlegung von Juri Lotmans Erzähltheorie ist, ein räumliches Modell zur Analyse und Interpretation von verbalen und nonverbalen Texten zu verwenden. Er argumentiert, dass Räume seit jeher als Mittel zur Modellbildung und mithin zur Deutung der Wirklichkeit, verwendet worden seien. So zum Beispiel für die Beschreibung von politischen Einstellungen (links/rechts) (vgl. Lotman 1972, S. 313) und deshalb auch für die Analyse von konstruierten Wirklichkeiten verwendbar.

Bestimmte Elemente des Textes werden entsprechend ihrer Bedeutung in *semantischen Räumen* betrachtet.[1] Die Tiefenstruktur des Texts gibt Aufschluss über mögliche Teilräume. Beispielsweise könnten in einem Text die Räume „Stadt" und „Land" Teilräume darstellen. Diese topografischen Räume werden häufig semantisiert, es wird den Räumen also eine bestimmte Bedeutung zugeordnet. Konnotiert werden könnte mit dem Begriff „Stadt" beispielsweise „Fortschritt", „Unehrlichkeit", „Schmutz", mit dem Begriff „Land" hingegen „Rückständigkeit", „Ehrlichkeit" und „Natürlichkeit". Damit haben beide Räume ihre eigene Semantik, ihre eigene Ordnung (Diegese). Das Konzept der semantischen Räume bleibt jedoch nicht bei der Idee stehen, topografische Räume zu semantisieren, also die Bedeutung von realen Räumen zu analysieren und sie in ein semantisches Feld zu über-

---

[1] Sicherlich ist die Idee, das Konzept von semantischen Räumen auf Marken- und Konsumentenwirklichkeiten zu übertragen, nicht neu. So versucht beispielsweise das Semiometrie-Modell, menschliche Werte und Einstellungen in einem semantischen Raum abzubilden (vgl. http://www.tms-emnid.de).

führen. Ebenso sind geistige Zustände, Einstellungen oder Sichtweisen, aber auch soziale Unterschiede als semantische Räume zu betrachten. So kann beispielsweise das hohe Alter mit all den einhergehenden Umständen als semantischer Raum interpretiert und dargestellt werden, das sich natürlich wiederum in einem topografischen Raum manifestieren kann. Die universelle Ordnung der dargestellten Welten bezeichnet Lotman als Diegese. Diese umfasst die Gesetze und Regeln, nach denen die semantischen Räume funktionieren. Diese Räume wiederum lassen sich in streng voneinander getrennte, disjunktive Teilräume unterteilen. „Ihre wichtigste Eigenschaft ist ihre Unüberschreitbarkeit. Die Art, wie ein Text durch eine solche Grenze aufgeteilt wird, ist eines seiner wesentlichen Charakteristika. Ob es sich dabei um eine Aufteilung in Freunde und Feinde, Lebende und Tote, Arme und Reiche oder andere handelt, ist an sich gleich. Wichtig ist etwas anderes: die Grenze, die den Raum teilt, muß unüberwindlich sein und die innere Struktur der beiden Teile verschieden. So gliedert sich z. B. der Raum des Zaubermärchens deutlich in ‚Haus' und ‚Wald'" (Lotman 1972, S. 327).

Ein Text wird erst dann zum Träger einer Geschichte, wenn eine narrative Struktur vorhanden ist. Für Lotman existiert in einem Text eine narrative Struktur, sobald der Text mindestens ein *Ereignis* mitteilt. „Die Versetzung einer Figur über die Grenze eines semantischen Feldes" kommt einem solchen Ereignis gleich (Lotman 1972, S. 332). Unwesentlich ist dabei, ob die Figur die Grenzüberschreitung willentlich oder unwillentlich, bewusst oder unbewusst vollzieht. Wesentlich ist vielmehr, *dass* eine Grenzüberschreitung stattfindet. Ein einfaches Beispiel für eine Grenzüberschreitung ist der Bauer, der vom Land in die Stadt kommt. „Stadt" und „Land" sind zum einen natürlich topografisch voneinander getrennte Räume, zum anderen gelten in beiden Räume unterschiedliche Gesetze. Der Bauer verlässt seine Weltordnung und betritt eine neue – mit völlig anderen Gesetzmäßigkeiten.

3.1.1.2   Snippet: Doku-Soaps und Grenzüberschreitung – „Auf und davon" bis „Deutschland ade"

Dass Grenzüberschreitungen das konstituierende Moment von Geschichten sind, kann an einer einfachen Form von Grenzüberschreitung dargestellt werden. „Auf und davon" (VOX), „Goodbye Deutschland" (VOX), „Die Rückwanderer" (VOX) oder „Deutschland ade" (ARD), so heißen einige der jüngst sehr populären Doku-Soaps, bei denen Grenzüberschreitungen den Motor der Story bilden. Dabei ist der Begriff von der Grenzüberschreitung in diesem Fall durchaus wörtlich zu nehmen, denn es geht in diesen Sendungen um deutsche Protagonisten, die ihr Glück im Ausland suchen. Besonderes Augenmerk richten diese Dokumentationen natürlich auf die Probleme, die eine solche Grenzüberschreitung mit sich bringt: weg vom

Vertrauten, hin in einen neuen semantischen Raum mit völlig anderen Gesetzen.
Gerne fokussieren diese Formate Protagonisten, bei denen die diegetischen Unterschiede besonders groß erscheinen. Dabei sind Sprachbarrieren erst der Anfang
der Differenz, die es zu überwinden gilt. „Goodbye Deutschland" beispielsweise
berichtet von einem Paar aus Baden-Württemberg, das in Thailand ein Schnitzel-
restaurant eröffnet – ohne vorher je in Thailand gewesen zu sein.[2] Die Sendung
„Die Rückwanderer" geht sogar noch einen Schritt weiter und berichtet über Auswanderer, die nach einem gescheiterten Versuch, im Ausland Fuß zu fassen, wieder
nach Deutschland zurückkehren. Eine besondere Qualität erhält eine Grenzüberschreitung, die sich bei dem Format „Grenzenlos verliebt" findet, dessen Inhalt der
Sender VOX wie folgt beschreibt:

„Ein harmloser Urlaubsflirt scheint es im Sommer vor zwei Jahren an der Adria
zu sein. Doch schnell merken Natalija aus Ratingen und Daniele aus Italien, dass
sie mehr verbindet. Dabei sprechen sie zu dem Zeitpunkt nicht einmal dieselbe
Sprache. Beim ersten Treffen nach vier Monaten wird klar: Sie gehören zusammen.
Die folgenden Wochen und Monate werden zur Qual. Doch die Planung für ihr
gemeinsames Leben hält die beiden aufrecht. Die 32-jährige Deutsche und der 30
Jahre alte Italiener wollen heiraten und Kinder haben – in Italien. Dafür muss sich
Natalija von ihrem vertrauten Leben verabschieden. Heute ist es soweit: Der char-
mante Daniele kommt extra nach Deutschland, um seiner Natalija beim Umzug zu
helfen und sie sicher in die idyllische Toskana zu bringen.

Auch Harald schmachtet in die Ferne, nur dass ihn von seiner großen Liebe
ein ganzer Ozean trennt. Die bildhübsche Laila lebt in der quirligen Metropole
Mexiko City und Harald stammt aus einem 60-Seelen-Ort im Allgäu. Seine Eltern
sind einfache Bauern. Die katholische Mexikanerin will ihren Deutschen schnell
heiraten – zu schnell für ihn? (Beschreibung der ersten Folge von „Grenzenlos
verliebt").

Das besondere Element Liebe emotionalisiert dabei die Grenzüberschreitung
und verstärkt semantische Differenzen noch, da der Anschein entsteht, der Protagonist würde den Übertritt in die neue Ordnung nur aus Liebe wagen und sei darüber hinaus nicht offen für Veränderung. „Harald mag keinen Mais. Der Bauern-
sohn aus dem Allgäu steht auf Deftiges vom Grill. In Mexiko, rümpft er wissend die
Nase, würden zu jedem Gericht Maisfladen gereicht. Harald in Mexiko – kann das
gut gehen? ‚Wir werden es versuchen und hoffen, dass es funktioniert', sagt seine
mexikanische Freundin Laila" (Felgenhauer 2008, http://www.welt.de).

Die Zeitung *Die Welt* kritisiert in ihrer Online-Ausgabe die mediale Aufbe-
reitung dieser Grenzüberschreitung des Protagonisten. „[Es] erklingt Blasmu-

---

[2] Vgl. www.vox.de, URL: http://www.vox.de/cms/sendungen/goodbye-deutschland.html.

sik, wenn Haralds 60-Seelen-Heimat im Allgäu Schauplatz des Geschehens ist, derweil lateinamerikanische Rhythmen die Hektik der Neun-Millionen-Metropole Mexiko-Stadt begleiten" (Felgenhauer 2008, http://www.welt.de). Diese Kritik zeigt aber auch, dass die Redaktion der Sendung verstanden hat, dass es um Kontraste geht. Und dass es gilt, diese Kontraste durch Inszenierung zu verstärken, sodass eine „gute" Geschichte entsteht. Insbesondere an diesem Beispiel grenzüberschreitender Doku-Soaps lässt sich gut ablesen, dass die Grenzüberschreitung der Motor der Story ist, dass ohne diese Grenzüberschreitung die Geschichte nicht zustande käme und dass es Grenzüberschreitungen unterschiedlichster Qualität gibt.

3.1.1.3 Snippet: Marken und Grenzüberscheitung – „Whopper Virgins"

Bei der Betrachtung der Auswanderer-Doku-Soaps stellt sich natürlich die Frage, was diese Überlegungen für Marken bedeuten. Wohin kann die Marke auswandern? Welchem Ruf zum Abenteuer kann sie folgen? Die Fastfood-Kette Burger King startete im Dezember 2008 mit dem „world's purest taste test"[3] eine laut Adweek „geschmacklose" Kampagne (vgl. Lippert 2008, http://www.adweek.com), in der Menschen, die noch nie einen Hamburger probiert und noch nie etwas von der Rivalität zwischen McDonald's und Burger King gehört haben, Whopper und Big Mac in einem Geschmackstest verkosten und urteilen sollen, welcher der bessere Burger sei. Diese „Whopper Virgins" finden sich, laut Kampagne, in entlegenen Gegenden Thailands, Grönlands oder Rumäniens, wo auch die Geschmacksprobe stattfindet; der erste Kontakt mit dem amerikanischen Fastfood-Produkt wird von einem Filmteam festgehalten.

Was man von der Kampagnenidee auch halten mag, die Grenzüberschreitung eines Hamburgers in die „indigene" Welt, in der die Gesetze von Kapitalismus, Marketing und Werbung außer Kraft scheinen, ist für Fastfood-Marken ein Abenteuer. In dieser Welt herrschen Ehrlichkeit, Purismus und Menschlichkeit. Kann Burger Kings Flaggschiff, der Whopper, auch in diesem Kontext gegen seinen Rivalen bestehen? Ohne Vorbereitung? Ohne das Produkt flankierende Maßnahmen wie Werbung und Verkaufsförderung? Der Film zeigt, Whopper kann bestehen; als Kniefall vor der fremden Welt genießt das Filmteam in den Schlusssequenzen das Essen der Einheimischen – „So good!" und der Grönländer, danach befragt, was er denn lieber möge, Hamburger oder Seehund, antwortet natürlich, dass er den Seehund vorziehe.

---

[3] www.whoppervirgins.com, URL: http://www.whoppervirgins.com/.

Diese Kampagne zeigt, dass das Konzept der Grenzüberschreitung auch auf Marken anwendbar ist. Auch für Marken bedeutet Grenzüberschreitung eine Herausforderung, die es zu meistern gilt. Ob Auswanderer oder Marke im indigenen Kontext – was der Rezipient sehen will, ist das Meistern der der konfliktträchtigen Situation, die durch die Grenzüberschreitung erst heraufbeschworen wird. Dazu später mehr.

3.1.2 Grenzüberschreitung und Brand Hijacking

Auch durch den Akt des Konsumierens können Grenzen überschritten werden. Bestimmte Marken in Kontexte zu bringen, in denen die Marken bisher nicht stattfanden und auf den ersten Blick auch nicht hingehören, ist eine solche Grenzüberschreitung. Alex Wipperfürth nennt diesen Vorgang *Brand Hijacking* (vgl. Wipperfürth 2005). Dabei gehe es häufig um Mitglieder von Subkulturen, Szenen oder anderen Gemeinschaften, welche die Marke für sich entdecken und als Distinktionsmerkmal benutzen. Auf diese Weise lädt eine bestimmte Gruppe die Marke mit neuer Bedeutung auf. Dies ist ebenso wichtig für die Gruppierung wie für die Marke selbst. Wipperfürth unterscheidet zwei Formen des Hijackings: zum einen den *serendipitous brand hijack*, der vom Marketing nicht geplant ist. Als Beispiele können dafür die Marken *Hush Puppies* (vgl. Dietrich und Schmidt-Bleeker 2009, S. 30–31), *Doc Martens* und *Pabst Blue Ribbon* (vgl. Wipperfürth 2005, S. 17–22) dienen: allesamt Marken, die vor der Übernahme durch die Konsumenten eher bedeutungslos waren. Zum anderen definiert Wipperfürth den *co-created brand hijack* als eine vom Marketing intendierte Grenzüberschreitung. Kontextverschiebung ist hier das richtige Stichwort – eine Strategie, die sich auch die Kunst des *ready-made* zu Eigen macht. Trendforscher Franz Liebl weiß aber, dass eine simple Kontextverschiebung beispielsweise des Alten in die Gegenwart nicht ausreicht, um cool zu sein. Vielmehr gehe es um ein Spannungsmoment, welches das vermeintlich Widersprüchliche zusammenführt (vgl. Liebl o. J., o. S.). Es geht also um mehr als einfach nur irgendeine Grenzüberschreitung, diese muss eine bestimmte Qualität aufweisen. Zudem sind das Neue, die Innovation und die Kontextverschiebung zwar oftmals bereits eine Grundlage für eine Geschichte, sie sind aber schnell imitierbar. Für den Co-created Brand Hijack empfiehlt Wipperfürth, den Konsumenten zu signalisieren, die jeweilige Marke sei etwas Spezielles, etwas Disruptives: „Most co-created brands hijacks are oppositional in nature, and therefore communicate a shade of rebellion in their voice" (Wipperfürth 2005, S. 86). Was diese Rebellion sein könnte, die da mitschwingt, das werden wir gleich sehen.

3.1.3   Konflikt und Grenzüberschreitung

Wie bereits beschrieben, kommt es durch Grenzüberschreitungen zwischen semantischen Räumen zu Ereignissen, die ein Auslöser für eine Geschichte sein können. Wie sind nun aber Grenzüberschreitungen in ihrer Qualität zu bewerten und
was macht die Qualität von Grenzüberschreitungen überhaupt aus? Diese Frage
wird durch zwei Überlegungen beantwortet.

Zum einen ist die zurückgelegte Entfernung zwischen den beiden Welten aus-
schlaggebend für die Bewertung des Ereignisses. Wichtig für die Betrachtung der
Entfernung ist, dass es perspektivabhängig ist, was ein Ereignis darstellt und wie
wichtig dieses Ereignis ist. Lotman verdeutlicht dies am Beispiel des sich über
Kunst streitenden Ehepaars, das sich entschließt, den Fall der Polizei zu übergeben.
Das für das Ehepaar wichtige Ereignis wird für den Polizeibeamten hingegen kein
Ereignis sein, der den Streit wohl nicht als Gesetzesbruch bewerten und zu Pro-
tokoll nehmen wird (vgl. Lotman 1972, S. 333). Überträgt man diesen Gedanken
in das Feld der Markenführung, wird klar, dass die Perspektive des Konsumenten,
bzw. der Person, welche die Story weitertragen soll, in die eine Analyse mitein-
bezogen werden muss. Es gilt also auf der einen Seite die Welt der Marke, bzw. des
Produkts zu untersuchen, und auf der anderen Seite die Welt des Konsumenten –
insbesondere in Bezug auf die Marke bzw. das jeweilige Produkt. Die semantische
Differenz, die sich durch die Grenzüberschreitung offenbart, korreliert direkt mit
der Unwahrscheinlichkeit, welche der Rezipient der Unternehmung unterstellt (vgl.
Lotman 1972, S. 336). Übertragen auf den Kontext Marke geht es hier um die Wahrscheinlichkeit, mit der die Markebzw. das Produkt in einem fremden semantischen
Raum anzutreffen ist. Kontakt mit einer Bratwurst zu haben, so Lotmanns Beispiel,
ist hierzulande nicht ungewöhnlich. Anders wäre dem im Urwald von Papua-Neu-
guinea. Die Wahrscheinlichkeit wäre geringer, die Differenz höher: eine Grenzüberschreitung wäre gegeben.

Überdies bestimmt der Umfang der semantischen Differenz die Qualität der
Grenzüberschreitung. Wie bereits erwähnt, geht es bei semantischen Räumen und
der Überschreitung von deren Grenzen nicht nur um eine Überschreitung von topografischen Grenzen, sondern – wesentlich wichtiger – um die semantischen Differenzen. Deutlich wird dies bei der Betrachtung der Auswanderer-Doku-Soaps,
die sich bemühen, die semantischen Unterschiede zwischen den beiden Orten medial besonders herauszuarbeiten. Hier wird deutlich, dass eine Grenzüberschreitung semantischer Räume stattfinden kann, auch ohne topografische Räume zu
überwinden. Beispielsweise können soziale Unterschiede in ein und demselben
Raum überwunden werden. Bernardo Guimaraes Roman „Die Sklavin Isaura"
(1875), später zu einer der erfolgreichsten Telenovelas umgesetzt (1976–1977), ver-

wendet diese Form der Grenzüberschreitung als Motor der Geschichte: Die Protagonistin Isaura wird nach dem frühen Tod ihrer Mutter von ihrer Besitzerin wie ein eigenes Kind aufgezogen.[4] Die Sklavin überschreitet somit die soziale Grenze zwischen Sklaven und Freien, der ständige Widerstreit zwischen diesen beiden Welten bestimmt Isauras Schicksal.

Die Art und Weise der Grenzüberschreitung ist also ausschlaggebend für ihre Qualität. Sie wird spannend und damit zu einem weitreichenden Ereignis, sobald die semantischen Räume zwei völlig verschiedene Welt- und Wertordnungen haben und diese aufeinanderprallen. Handelt es sich um eine Grenzüberschreitung, die lediglich die Weltordnung des anderen bestätigt oder verändert sich durch den Übertritt die Weltordnung sogar?

Ein Beispiel für eine Grenzüberschreitung zwischen zwei völlig unterschiedlichen Welten gibt Clint Eastwood in seinem Film „Gran Torino" (2008). Er selbst spielt einen alten verbitterten Rassisten, wohnhaft in einem Arbeitervorort von Detroit. Als Rentner und Überbleibsel der sterbenden Autoindustrie scheint er der letzte zu sein, der noch regelmäßig den Rasen seines Vorgartens unter dem Stars-and-Stripes-Banner pflegt. Die räumliche Distanz zu seinen asiatischen Nachbarn könnte geringer kaum sein, die semantische Entfernung aber ist umso gewaltiger. Sie wird dennoch überwunden, indem dieser fluchende, pöbelnde Koreakriegsveteran sich der Nachbarsfamilie annimmt, deren Welt betritt, um sie vor den Gangs der Nachbarschaft zu beschützen. Die Grenzüberschreitung erschüttert die Welt des Protagonisten derart, dass er sich letztlich für die ihm Fremden und ursprünglich Verhassten aufopfert.

Durch Grenzüberschreitung semantischer Räume ein spannendes Ereignis auszulösen bedeutet also, dass es Kräfte geben muss, die diese Grenzüberschreitung erschweren, dass Kräfte diese Grenzüberschreitung verhindern wollen – seien es innerliche oder äußerliche Kräfte. Lotman postuliert, dass „bedeutsam nur das ist, was eine Antithese besitzt" (Lotman 1972, S. 374). Das durch diese Kräfte entstandene Spannungsfeld, in das sich der Protagonist begibt, bezeichnen wir als *Konflikt*.

Der Konflikt ist also ein spannungsvoller Zustand, der durch Grenzüberschreitung zwischen Protagonist und antagonalen Kräften entsteht. Je größer die Differenz bei der Grenzüberschreitung, desto stärker der Konflikt und desto dramatischer die Geschichte.

Michael Hauge, Autor des Buchs „Selling Your Story in 60 Seconds", unterstreicht die Wichtigkeit von Konflikten für jedwede Story. „Motivation alone is not enough […]. There must be something preventing the hero from getting what he wants. That something is conflict. Conflict is whatever stands in the way of a character

---

[4] Vgl. Plot Summary auf www.imdb.com, URL: http://www.imdb.com/title/tt0142036/.

achieving her motivation. It's the sum of all obstacles and hurdles that the character must try and overcome to reach her objective. Conflict, like motivation, exists on both an outer and inner level. Outer conflict is whatever stands in the way of the character achieving his outer motivation. Inner conflict is whatever stands in the way of a character achieving her inner motivation" (Hauge 1988, S. 54). Dass eine Story ohne Konflikt bewegungslos bleibt, weiß auch Drehbuchpapst McKee (1997, S. 210): „Nothing moves forward in a story except through conflict." Auch Hauge benennt den Konflikt als Voraussetzung dafür, dass ein Ereignis zu einer Geschichte wird (vgl. McKee 1997, S. 34–35). „A Story Event creates meaningful change in the life situation of a character and experienced in terms of a value and achieved through conflict" (McKee 1997, S. 34). Ursache für die Konflikte sei der Widerstreit zwischen einer dem Menschen innewohnenden Empfindung von Mangel auf der einen Seite, welche sich in Form des Wünschens und Strebens äußere. Auf der anderen Seite stünden jene Kräften, die sich diesem Wunsch entgegenstellten („forces of antagonism"). Dabei bezieht sich der Mangel nicht zwingend auf materielle Dinge. Gerade in den Industrienationen habe sich der physische Mangel in einen psychischen Mangel transformiert (vgl. McKee 1997, S. 210–213). „Life is about the ultimate questions of finding love and self-worth, of bringing serenity to inner chaos, of the titanic social inequities everywhere around us, of time running out. Life is conflict. That is its nature" (McKee 1997, S. 213). Es geht also um zentrale menschliche Qualitäten, die McKee als *value* bezeichnet und zweiwertig angelegt sind. „Story Values are the universal qualities of human experience that may shift from positive to negative, or negative to positive, from one moment to the next" (McKee 1997, S. 34). Also zum Beispiel: Leben/Tod, Liebe/Hass, Freiheit/Sklaverei, Wahrheit/Lüge, Mut/Feigheit, Loyalität/Verrat, Weisheit/Dummheit, Stärke/Schwäche oder Aufregung/Langeweile. Sind diese menschlichen Qualitäten betroffen, ist die Qualität der Grenzüberschreitung besonders hoch.

Aber nicht nur Drehbuchtheorie und Literaturwissenschaft widmen sich dem Konflikt als ein Spannung erzeugendes Element. Die folgenden Abschnitte zeigen, dass auch die Philosophie, die Psychologie, die Soziologie und die Kommunikationswissenschaft sich mit diesem Phänomen beschäftigen.

3.2 Der Konflikt als zentrale Denkfigur

Unter *Konflikt,* aus seinem narrativen Kontext gerissen, verstehen wir ein Konstrukt, das als Denkfigur betrachtet werden sollte. Unter dem Begriff *Konflikt* lassen
sich eine Vielzahl von Begriffen subsumieren: Widerstreit, Widerspruch, Ambigui-
tät, Paradox etc. Eines haben die Begriffe jedoch gemeinsam: immer geht es ihnen
um *Differenz.* Bereits Kant und Kierkegaard haben über das Wesen, den Ursprung
und die Funktion von Widersprüchen, Paradoxien etc. gestritten. Hagenbüchle beschreibt mit Bezug auf das Paradox, welches ebenfalls im Folgenden beschrieben
wird, wie schwierig eine Definition des Begriffs sei, wie hartnäckig sich der Terminus einer Festlegung widersetze (vgl. Hagenbüchle 1992, S. 37).

Es soll im Folgenden also nicht darum gehen, ein Modell des Konflikts zu entwickeln, denn eine Konvertierung dieser Denkfigur in die Logik kann nicht funktionieren. Ein Versuch, den Konflikt in seiner gesamten Qualität in einen Prozess zu
übersetzen, muss scheitern, denn der Widerspruch oder das Paradox sind aus Sicht
der Logik *sinnlos.* Im folgenden Abschnitt wollen wir trotzdem einen Versuch wagen, uns dem Themenkomplex anzunähern. Dabei aber behalten wir im Bewusstsein, dass wir ihm im Rahmen dieses Buchs nicht gerecht werden können. Dazu
werden in den nächsten Abschnitten einige Facetten des Themas beleuchtet, ohne
den Anspruch zu erheben, sie definitorisch exakt voneinander abzugrenzen. Diese
Betrachtungen sind nicht auf Vollständigkeit ausgelegt, sondern so konzipiert, dass
der Leser eine Idee davon bekommt, wie eine Bewertung – man muss eigentlich
sagen: eine Interpretation – von Konflikten in Hinblick auf die Markenführung
möglich ist. Möchte man mit Narrative Brand Planning arbeiten, muss man sich
mit dem Konflikt beschäftigen; man muss erkennen können, welche Qualitäten,
welche Bedeutung die Marke durch Grenzüberschreitung erzeugt. Einfach gesagt,
man muss erkennen können, was Bedeutung erzeugt und was nicht.

Man muss wissen, wo Konflikte zu suchen sind, wo sie auftreten und ihre
Wirkung entfalten können. Konfliktphänomene finden sich in ganz unterschiedlichen Bereichen. Sowohl die politikwissenschaftlich-soziologische Disziplin der
Friedens- und Konfliktforschung als auch die Drehbuchtheorie haben Konflikte
untersucht und beschrieben. Im Rahmen der Konfliktforschung lassen sich laut
Bonacker und Imbusch Konflikte in vier verschiedenen Feldern finden. Im Intra-
personalen, im Interpersonalen, im Innergesellschaftlichen und im Internationalen
(vgl. Bonacker und Imbusch 1996, S. 69). Die Drehbuchtheorie unterscheidet ebenfalls verschiedene Konfliktebenen. Eick fasst die Ansätze übersichtlich zusammen
(vgl. Eick 2006, S. 86–89). McKee unterscheidet dabei drei Arten von Konflikt: den
„inner conflict", den „personal conflict" und den „extra-personal conflict" (vgl.

McKee 1997, S. 213). Seger differenziert fünf Ebenen von Konflikt: den *inneren* Konflikt, den *zwischenmenschlichen* Konflikt, den *sozialen* Konflikt, den *situativen* Konflikt und den *kosmischen* Konflikt. Der innere Konflikt thematisiere widerstrebende, ambivalente Gefühle und Gedanken, der zwischenmenschliche Konflikt beschreibe das Widerstreiten zweier Personen, der situative Konflikt liege beispielsweise Katastrophenfilmen zugrunde, der kosmische Konflikt sei ein Konflikt der Figur mit einer übernatürlichen Kraft (vgl. Eick 2006, S. 87). Diese Unterteilung des Konflikts in Ebenen möchten wir übernehmen und im Folgenden einige Felder, in denen der Konflikt auftritt, näher beschreiben. Wir möchten darstellen, wie sich beispielsweise innere, zwischenmenschliche und soziale Konflikte ausdrücken und warum der Konflikt der Motor dieser Bereiche ist.

3.2.1 Das Wesen des Konflikts – zwischen Logos und Mythos

Grenzüberschreitungen bilden wie bereits dargestellt die Voraussetzung für eine spannende Geschichte. Die Qualität der Grenzüberschreitung erzeugt die Stärke des Konflikts und damit auch die Qualität der Bedeutung. Mit dem Konflikt bezeichnen wir ein Phänomen, das zwischen Logos und Mythos angesiedelt ist. Der Widerspruch, der dem Konflikt innewohnt, das werden wir im Folgenden sehen, ist aus Sicht der klassischen Logik *sinnlos*. Da aber der Konflikt der Motor der Geschichte ist, braucht es eine Denkweise, die uns einen Zugang zum Konflikt verschafft. Als geeignet erscheint uns jene Denkweise, die Huth (vgl. Huth 2007) als *mythisches* Denken bezeichnet. Huth zitiert dazu Nestle, der in seinem Buch „Vom Mythos zum Logos" (1940) diese beiden Denkweisen folgendermaßen beschreibt: „Mythos und Logos – damit bezeichnen wir die zwei Pole, zwischen denen das menschliche Geistesleben schwingt. Mythisches Vorstellen und logisches Denken sind Gegensätze. Jenes ist – unwillkürlich und aus dem Unbewußten schaffend und gestaltend – bildhaft, dieses – absichtlich und bewußt zergliedernd und verbindend – begrifflich" (Nestle 1940, o. S.). Beide Denkweisen existieren nebeneinander. Sie scheinen sich sogar – je nach Epoche – gegenseitig dominieren zu wollen. Der Philologe Paul Geyer zieht die Möglichkeit in Betracht, dass sich in der Geschichte der Menschheit ein „zielloses Oszillieren zwischen Perioden klassisch-geschlossener und paradox-offener Denkpraxis" (Geyer 1992, S. 13) vollzieht. Beispielsweise wurde der aristotelische Grundsatz der Widerspruchsfreiheit aus der Antike im 17. Jahrhundert von René Descartes wieder aufgegriffen. Radikal logisch formulierte er mit dem Ausspruch „Ich denke, also bin ich" den Ausgangspunkt einer rationalistischen Denkweise, die den Widerspruch systematisch zu eliminieren sucht und letztlich dazu führt, dass das, was nicht logisch ist, keine Realität hat. Die Formalisierungsversuche der Logik agieren mit einer zunehmenden Ausgrenzung der

Lebenswelt. „Die ‚Rache der Lebenswelt' aber bestand darin, die formale Logik nun wie Achill hoffnungslos hinter dem Ideal der Widerspruchslosigkeit herlaufen zu lassen" (Geyer 1992, S. 11). Berman bringt es folgendermaßen auf den Punkt: „Die Probleme, die sich aus der Descartesschen Sichtweise ergeben, sind vielleicht offensichtlich, […] zunächst wird es ausreichen anzumerken, daß das wirkliche Leben sich dialektisch bewegt, nicht kritisch. Wir lieben und hassen dieselbe Sache gleichzeitig, wir fürchten, was wir am dringendsten brauchen, wir erkennen Zwiespältigkeit eher als Norm, denn als Abweichung an" (Berman 1985, S. 35). Huth wiederum gibt zu bedenken, dass beide Sichtweisen ihre Berechtigung haben „So vergeblich es ist, mythisches Denken mit Vernunftgründen zu vertreiben, so voreilig wäre es auch, nachdem die Begrenzungen des Rationalismus offensichtlich geworden sind, unkritisch mythische Denkfiguren für überlegen zu erklären und zu einem vormodernen Weltverständnis zurückzukehren; Tendenzen hierzu finden sich vor allem in den zahlreichen Varianten des Esoterischen" (Huth 2007, Teil 0, S. 15).

Diesen Diskurs werden wir hier nicht auflösen können, das muss aber auch gar nicht sein. Auf die Frage nach alternativen Betrachtungsweisen, die nicht auf linearen Kausalitätsvorstellungen basieren, nennt der Physiker und Philosoph Heinz von Förster – wie bereits erwähnt – die Parabel, das Gleichnis, die Analogie, die Geschichte (vgl. von Förster 2004, S. 53). Bestimmte Fragen des Lebens, der Existenz sind mit logischer Deduktion einfach nicht zu beantworten. Geburt, Liebe und Tod beispielsweise sind die normalsten und zugleich außergewöhnlichsten Dinge der Welt. Insbesondere die Literatur widmet sich diesem Widerspruch. Pascal Merciers Roman „Nachtzug nach Lissabon" (2004) thematisiert eine dieser großen Fragen des Lebens. Amadeu de Prado praktiziert als beliebter Arzt im Estado Novo Portugal unter der despotischen Herrschaft António de Oliveira Salazars, bis er eines Tages einem Mann von der verhassten Geheimpolizei das Leben rettet. In dieser Dilemma-Situation hat Prado die Wahl, seinen hippokratischen Eid und damit auch sich selbst zu verraten und die Portugiesen von dem als Schlächter bekannten Mann zu befreien, indem er ihm die ärztliche Hilfe versagt. Oder den Mann seinem Berufsethos folgend zu retten und damit den Hass seiner Umgebung auf sich zu nehmen. Diese Situation ist mit Logik nicht lösbar. Warum, werden wir in folgenden Abschnitten beschreiben.

3.2.1.1   Konflikt als Widerstreit

Zunächst möchten wir den Personenkonflikt betrachten. Der Konflikt kann als ein Widerstreit von Akteuren betrachtet werden. Die Konfliktforschung bezeichnet den Konflikt als gegeben, wenn Zielsetzungen oder Wertvorstellungen zweier Parteien – Menschen, Gruppen, Organisationen oder Staaten – nicht zu vereinen sind. In diesem Forschungszweig herrschen verschiedene Auffassungen über die Funktionen von Konflikten. Je nach Menschen- und Gesellschaftsbild wird der Konflikt angesehen als (a) eine vollständig *pathologische Erscheinung*, als (b) *Dysfunktion*, als (c) *integrierend* oder (d) als *Förderer* des sozialen Wandels (vgl. Bonacker und Imbusch 1996, S. 71–72). Insbesondere in konservativen Gesellschaftstheorien herrsche die Sichtweise (a) vor, so Bonacker und Imbusch. Diese besagt, dass Konflikte ausschließlich negative Äußerungen in einem ansonsten auf Konsens beruhenden Gesellschaftssystem seien. Der Konflikt an sich wird als eine pathologische Erscheinung verstanden, als Bedrohung bestehender Ordnungen, und muss entsprechend bekämpft werden. Dagegen wird bei anderen Theorien (b) Konflikt als Dysfunktion und Störung von eigentlich effizient funktionierenden Strukturen gesehen. Die integrative Funktion von Konflikten betonen eine ganze Reihe sozialwissenschaftlicher Theorieansätze (c). Sie rücken damit den Konflikt aus der negativen Betrachtungsweise heraus. Konflikte seien als normale Phänomene in Gesellschaften zu verstehen, die positive sozialisierende bzw. integrative Funktionen haben. Darüber hinaus gibt es Theorieansätze (d), die im Konflikt einen Förderer des sozialen Wandels sehen. Konflikte seien Resultat von sozialen Veränderungen und werden durchweg positiv betrachtet. Wir schließen uns den beiden letzten Betrachtungsweisen der Funktionen von Konflikt an.

Die Friedens- und Konfliktforschung beschäftigt sich ebenfalls mit den Ursachen und Auslösern von Konflikten und theoretisiert deren Lösungsstrategien. Dass Konflikte jedoch nicht zwingend gelöst werden müssen, dass Konsens nicht das ist, was Unternehmen und auch Marken stark macht, sondern dass sich gerade Freund-Feind-Beziehungen durch besondere Stabilität auszeichnen, erwähnt auch Jürgen Schulz zum Thema Issue Management. Schulz schlägt eine besondere Beachtung des Konflikts vor und beklagt, dass das eigentlich Strittige von den Unternehmen in seinem Potenzial nicht erkannt oder gar genutzt werde (vgl. Schulz und Wachtel 2003). Auch „für Kommunikationsprofis [ist es] immer noch [eine] abenteuerliche Vorstellung, dass nicht Verständigung und Eintracht, nicht ‚gute Kommunikation', sondern gegensätzliche Geltungsansprüche die Streitenden zusammenschweißt" (Schulz und Wachtel 2003, o. S.). Dabei seien konfliktträchtige Themen gerade in den Massenmedien überaus anschlussfähig: „Die Massenmedien sind an Streit interessiert, obwohl sie erfolgreich den Anschein erwecken, sie plädierten für Konsens. Doch der ist bekanntlich weder anschlussfähig noch ein Nachrichtenfaktor – und damit kein Thema. Also braucht es – neben der soziologischen Beobachtung – ein Handwerk des Streitens, und das ist rhetorisch" (Schulz und Wachtel 2003, o. S.).

Übertragen auf unser Ausgangsproblem bemerken wir, dass dieser Bearbeitungsmodus des Argumentierens, also das Streiten, bisher nicht in der Markenführung angekommen ist, wohl aber in der Kreation: Rhetorische Figuren wie beispielsweise das Oxymoron sind geläufige Stilmittel von Werbekampagnen. Dazu später mehr, zunächst ist es hilfreich, den Widerstreit zweier Parteien von den Akteuren abzulösen und die sich gegenüberstehenden Positionen, also den Konflikt, als eine neue Einheit vorzustellen. Je abstrakter wir werden, umso besser können wir überblicken, worum es eigentlich geht.

3.2.1.2 Widersprüche, Kontradiktionen, Antinomien

Betrachtet man den Widerstreit zweier Parteien auf einer höheren Ebene, dann stößt man zwangsläufig auf zwei kontrahente Positionen, die losgelöst sind von den jeweiligen Akteuren. Diese neue Einheit ist, aus der Perspektive der klassischen Logik betrachtet, in seiner Widersprüchlichkeit eine *Kontradiktion*. Dabei werden zwei Aussagen zueinander in Beziehung gesetzt, die sich gegenseitig ausschließen. Zum Beispiel die Aussagen „die Erde kreist um die Sonne" und „die Sonne kreist um die Erde". Beide Aussagen können nicht gleichermaßen wahr sein, sie schließen sich aus und bilden daher eine Kontradiktion. Solche Widersprüche sind aus Sicht der formalen Logik jedoch *sinnlos*.

Und weil nicht sein kann, was nicht sein darf, versucht die Logik mit solcherlei Widersprüchen aufzuräumen. Entweder werden solche Widersprüche mit der Zeit *gelöst*, wie das oben genannte Umkreisungsbeispiel von Erde und Sonne zeigt, stehen als noch zu lösendes *Problem* auf der Agenda, oder aber die Aussagen werden als *sinnlos* abgetan und ignoriert. Der Soziologe Niklas Luhmann beschreibt die Logik als Kontrollinstanz, die sich bemüht, Erkenntnisse so lange umzuformulieren, bis keine Widersprüche mehr enthalten sind. Dieser Prozess finde im „Arbeitskontext von ‚Wissenschaft'" statt (vgl. Luhmann 1987, S. 489). Luhmann argumentiert wie folgt: „Man kann dieses Glaubensbekenntnis seinerseits nun wieder mit den Augen eines Beobachters beobachten und dann feststellen: Wenn es Gegenstände gibt, die Widersprüche enthalten, werden sie hierdurch aus dem Bereich möglicher Erkenntnis ausgeschlossen. Sie werden weder positiv noch negativ konstatiert. Man kann nicht einmal feststellen, ob es sie gibt oder nicht gibt. Sie kommen in der Umwelt eines logisch geordneten Wissenschaftssystems nicht vor. Anhänger dieses Glaubensbekenntnisses sagen daher, mit der Frage einer widerspruchsreichen Gegenstandswelt konfrontiert, gewöhnlich sie, sie verstünden überhaupt nicht, wovon die Rede sei. Für sie ist klar, daß es keine Ochsen geben könne, die zugleich Hörner und keine Hörner haben, und sie sind bereit, die Konsequenzen zu ziehen, daß dies auch für Ehemänner gelten müsse" (Luhmann 1987, S. 489–490).

Die Psychologen Watzlawick et al. (2003) geben in ihrem bekannten Buch „Menschliche Kommunikation" im Jahre 1969 zu bedenken, dass widersprüchliche (paradoxe) Aussagen aus Sicht der Logik *sinnlos* seien, trotzdem aber Realität werden können (vgl. Watzlawick et al. 2003, S. 196): „Nur zögernd folgen wir Laien dem Beweis der Logiker, dass die Aussage des Lügners sinnlos sein soll. Irgendwo scheint da ein Haken zu sein, und dieser Eindruck ist noch stärker bei einer anderen berühmten paradoxen Definition. In einem kleinen Dorf, so lautet die

Geschichte, lebt ein Barbier, der alle Männer rasiert, die sich nicht selbst rasieren. Wiederum müssen wir feststellen, daß diese Teilung der Dorfbewohner in Selbstrasierer und Nichtselbstrasierer einerseits erschöpfend ist, daß sie uns andererseits aber geradewegs in eine Paradoxie führt, wenn wir versuchen, den Barbier selbst der einen oder der anderen Gruppe zuzuordnen. Und wiederum beweist die exakte Deduktion, daß es keinen solchen Barbier geben kann; trotzdem aber fühlen wir uns nicht überzeugt und fragen uns: Warum nicht?" (Watzlawick et al. 2003, S. 178). Die Logik macht also in dem Moment halt, in dem ihrer Meinung nach Sinnlosigkeit vorherrscht. Es sind aber gerade diese scheinbar logisch sinnlosen Situationen, die unseren Alltag bestimmen und die das größte Potenzial für Geschichten haben. Deduktive Logik reicht daher heute nicht mehr aus, um Marken erfolgreich zu führen.

Die Qualität einer Geschichte könne laut Drehbuchspezialist McKee dadurch gesteigert werden, indem man ein besonderes Augenmerk auf die negative Seite der Geschichte legt: „If your story seems to be unsatisfying and lacking in some ways […] when a story is weak, the inevitable cause is that forces of antagonism are weak. Rather than spending your creativity trying to invent likeable, attractive aspects of protagonist and world, build the negative side to create a chain reaction that pays off naturally and honestly on the positive dimensions" (McKee 1997, S. 332). Gilt es also, Geschichten zu verbessern, sprich spannender und damit attraktiver zu gestalten, dann macht es Sinn, die negativen Kräfte stärker zu entwickeln gerade um die positiven umso glänzender erscheinen zu lassen. McKee nennt das, was dem Protagonisten in einer Geschichte entgegensteht, „Forces of Antagonism". Bei diesen Kräften gehe es nicht einfach nur um die Negation eines positiven Werts, sondern diese Negativierungen seien – entgegen aller Logik – sogar noch steigerbar (McKee 1997, S. 317–323). So sei beispielsweise der Konflikt zwischen „Gerechtigkeit" und „Ungerechtigkeit" steigerbar bis hin zur Tyrannei. „Our subject is life, not arithmetics. In life two negatives don't make a positive. In English double negatives are ungrammatical, but Italian uses double and even triple negatives so that a statement *feels* like its meaning. In anguish an Italian might say, ‚Non ho niente mia!' (I don't have nothing never!). Italians know life. Double negatives turn positive only in math and formal logic. In life things get just worse and worse and worse" (McKee 1997, S. 320).

3.2.1.3 Paradoxien und Dilemmata – von syntaktischen Problemen zur paradoxen Handlung

Das Paradoxon als besondere Form des Widerspruchs bildet vielleicht die spannendste Facette des Konfliktbegriffs. Auch Hagenbüchle unterstreicht insbesondere die Wirkung, die von Paradoxien ausgeht. „Trotz der unbestreitbaren Indeterminanz bleibt der Terminus gerade deswegen nützlich, weil er einer Vielheit von Verwendungsweisen offen steht, deren Motivations- und Effektskala vom witzigen Amüsement bis hin zu brisanten existentiellen Grundfragen reicht" (Hagenbüchle 1992, S. 37). Auch Watzlawick et al. legen ein besonderes Augenmerk auf Paradoxien. „Seit zweitausend Jahren beschäftigen die Paradoxien den menschlichen Geist und haben auch heute noch nichts von ihrer Faszination verloren. Einige der bedeutsamsten Errungenschaften unseres Jahrhunderts [...] beruhen mittelbar oder unmittelbar auf die Berücksichtigung von Paradoxien. [...] Entmutigt durch die komplexe esoterische Natur dieser Wissensgebiete, neigt man dazu, die Paradoxien als etwas beiseite zu schieben, das für praktische Lebensprobleme zu abstrakt ist" (Watzlawick et al. 2003, S. 171).

Alltagssprachlich werden Paradoxien häufig mit dem Widerspruch verwechselt, nicht jeder Widerspruch ist jedoch zugleich ein Paradox (vgl. Hagenbüchle 1992, S. 28–29). Ein Paradox ist vielmehr ein Widerspruch mit Selbstbezug. Das wiederum bedeutet, dass der Aussagende in die widersprüchliche Aussage einbezogen ist. Bekanntestes Beispiel für eine paradoxe Aussage ist wohl die eines Bewohners der Insel Kreta, der behauptet, alle Kreter seien Lügner. Wird der Satz als wahr angenommen, sagt seine Bedeutung, dass der Satz falsch sein muss. Wird der Satz wiederum als Lüge aufgefasst, kann die Aussage über den Aussagenden selbst nicht stimmen. *Selbstbezüglichkeit* ist also konstitutiv dafür, dass aus einem Widerspruch ein Paradox werden kann. Oder formal ausgedrückt: „Die Paradoxie hat also nicht die Form: ,A = nicht A', die eine sich widersprechende, aber nicht paradoxe Aussage darstellt. Sie hat vielmehr die Form: ,A weil nicht A', wobei die Bedingungen der Aussage zugleich die Bedingungen ihrer Negation sind" (Baraldi und Corsi 1998, S. 132).

Watzlawick et al. unterscheiden drei Arten von Paradoxien (vgl. Watzlawick et al. 2003, S. 171–212):

1. *logisch-mathematische Paradoxien (Antinomien)*,
2. *paradoxe Definitionen (semantische Antinomien)*
3. *pragmatische Paradoxien (paradoxe Handlungsaufforderungen)*

Logisch-mathematische Paradoxien sind Probleme, die eher in formalen Systemen wie beispielsweise der Mathematik anzutreffen und mithin logisch-syntaktischer Natur sind. Diese Probleme sollen hier aber nicht näher erläutert werden.[5] *Para-*

---

[5] Watzlawick et al. beschreiben die ihrer Meinung nach berühmteste Paradoxie logisch-mathematischenr Art als „die Klasse aller Klassen". Dabei geht es um bestimmte Beschreibungen in der Mengenlehre, bei denen die Menge einerseits Element von sich selbst ist, andererseits aber nicht (vgl. Watzlawick et al. 2003, S. 174–176).

doxe Definitionen hingegen betreffen die Semantik. Sie „haben ihren Ursprung in verborgenen Regelwidrigkeiten der Struktur unserer Sprache" (Watzlawick et al. 2003, S. 173). Oben genanntes Beispiel des Kreters – verkürzt gesagt, die Aussage „ich lüge!" – ist ein Beispiel für diese Art von Paradoxie. Sie entsteht aus der Selbstbezüglichkeit der Aussage und funktioniert ähnlich wie logisch-mathematische Paradoxien, nur dass es in diesem Fall um Bedeutung geht.

Pragmatische Paradoxien, also *paradoxe Handlungsaufforderungen* gehen aus den beiden genannten Arten von Paradoxien hervor (vgl. Watzlawick et al. 2003, S. 174). Hinzu kommt noch die menschliche Verhaltenskomponente, denn es geht darum, was Paradoxien mit dem Menschen machen. Wie reagieren Menschen, die sich in einer paradoxen Situation befinden? Wie entscheiden sie? Watzlawick bezeichnet Momente von Paradoxien bestimmter Pragmatik als „unhaltbare Situationen" und postuliert, dass sie „in der Tat viel häufiger vor[kommen], als man zunächst annehmen würde" (Watzlawick et al. 2003, S. 179). Eine bekannte paradoxe Handlungsaufforderung ist die Aufforderung „Sei spontan!". Gerade in menschlichen (Liebes-) Beziehungen ein häufig geäußerter Wunsch, der – logisch gesehen – sinnlos ist, weil ihm schwerlich Folge geleistet werden kann (vgl. Watzlawick et al. 2003, S. 184). Diese Form des Paradoxes ist für unsere Frage nach dem Motor von spannenden Geschichten besonders interessant. Watzlawick et al. beschreiben anhand einer Vielzahl von Beispielen dieses Phänomen ausführlich und immer in Hinblick auf die Möglichkeit der pathologischen Wirkung solch paradoxer Handlungsanweisungen (vgl. Watzlawick et al. 2003, S. 179–194). Die Beispiele, welche die Autoren verwenden, bestechen unserer Meinung nach durch ihre narrative Struktur. Es sind also Geschichten, die das Paradox aus der formal-abstrakten Beschreibung herausholen – es sind Geschichten, die es veranschaulichen. Das erste Beispiel mit dem Barbier, der alle rasiert, die sich nicht selbst rasieren, haben wir bereits oben zitiert. Im Folgenden zwei weitere Beispiele:

Sigmund Freud wurde 1938 von den Nationalsozialisten die Erlaubnis angeboten, aus Österreich auszureisen. Sie knüpften dies jedoch an die Bedingung, dass Freud den deutschen Behörden schriftlich bescheinigen solle, er sei von ihnen aufgrund seines Status als Wissenschaftler mit gebührendem Respekt behandelt worden. „Mag dies auch in Freuds persönlichem Fall wahr gewesen sein, so lief das Dokument im Kontext der brutalen Verfolgung der Wiener Juden trotzdem auf eine schamlose Vortäuschung von Fairness seitens der Behörden hinaus, die offensichtlich versuchten, aus Freuds internationaler Berühmtheit Kapital für ihre Nazipropaganda zu schlagen" (Watzlawick et al. 2003, S. 191). Für Freud bedeute dies eine unhaltbare Situation, denn würde er die Unterschrift geben, würde er seine persönliche Integrität aufs Spiel setzen. Würde er sie aber verweigern, könnte Freud in größere Schwierigkeiten geraten – bis hin zum Scheitern seiner Ausreisebemühungen. Die Lösung dieses Konflikts – wir merken beim Lesen dieser Zeilen, dass sich Spannung aufbaut – bestand darin, dass Freud die Gestapo bat, noch eine Zeile zu seiner Unterschrift hinzufügen zu dürfen. „Offensichtlich im Vollgefühl seiner Machtposition stimmte der Beamte zu, und Freud schrieb: ‚Ich kann die Gestapo jedermann aufs beste empfehlen.'" (Watzlawick et al. 2003, S. 191). Damit war das Dokument für Propagandazwecke wertlos.

Im dritten Beispiel beschreiben Watzlawick et al. (2003, S. 186–189) die unhaltbare Situation japanischer Christen im Jahre 1616. Die japanische Obrigkeit hatte begonnen, diejenigen Japaner zu verfolgen, die zum Christentum übergetreten waren. Sie stellten die Christen vor die Wahl, getötet zu werden oder dem christlichen Glauben abzuschwören. Dieser Schwur aber sollte „im Namen des Vaters, des Sohnes und des heiligen Geistes, der heiligen Maria und aller Engel" (Watzlawick et al. 2003, S. 187) geleistet werden. Der Obrigkeit schien klar zu sein, dass für gläubige Christen der Schwur nur dann Gültigkeit erlangen würde, wenn auf christliche Instanzen zurückgegriffen wird. Dadurch entstand wiederum eine unhaltbare Situation, denn würden die japanischen Christen den Schwur leisten, dann riefen sie im gleichen Zuge den christlichen Gott an, von dem sie sich mittels des Schwurs doch abwenden sollen. Wie soll ein Schwur auf einen Gott bindend sein, dem man durch den Schwur abschwört? Und andersherum, wie kann ich einem Gott abschwören, indem ich ihn beschwöre? Auch die Verfolger verstricken sich in Paradoxien, wenn sie durch ihre Methode den fremden christlichen Gott über ihre eigenen buddhistischen und shintoistischen Götter stellen.

Beide Beispiele beschreiben paradoxe Handlungsaufforderungen und zeigen, was sie für eine verstörende „Kopfschmerz"-Wirkung haben. Klar nachweisbar ist die narrative Struktur beider Beispiele. Zum einen die Grenzüberschreitung des Wissenschaftlers Freud in die Welt der Nazis, zum anderen die der japanischen Obrigkeit in die Welt der Christen. Der Konflikt entsteht durch die antagonistischen Kräfte, die den Protagonisten entgegenstehen und sich in ein Paradox steigern. Bei Freud zeichnet sich darüber hinaus die Lösung seiner unhaltbaren Situation ab.

Diese unhaltbaren Situationen können vorläufig unter dem Begriff des *Dilemmas* eingeordnet werden. Für Drehbuchspezialist McKee sind es Entscheidungen, welche für die Darstellung von Charaktereigenschaften und deren Umfeld essentiell sind. Entscheidungen allerdings, die nicht rational getroffen werden können, sonst wären es keine existenziellen Entscheidungen, sondern Abwägungen. Es geht hier aber vielmehr um Entscheidungen zwischen *nicht vergleichbaren Gütern* und Entscheidungen zwischen dem *Geringeren zweier Übel*. „If we do not understand that much about human nature – that a human being is only capable of acting toward the right or the good as he has come to believe it or rationalize it – then we understand very little. Good/evil, right/wrong choices are dramatically obvious

and trivial. True choice is dilemma" (McKee 1997, S. 249). Watzlawick et al. differenzieren allerdings zwischen dem simplen Widerspruch auf der einen Seite und
dem Dilemma, in das dieser Widerspruch auf praktischer Ebene münden kann.
Beispielsweise wenn man vor die Wahl gestellt wird, in einer brennenden Hoch-
hauswohnung durch Verbrennen zu sterben oder aus der Wohnung in den sicheren
Tod zu springen – also eine Wahl zwischen Pest und Cholera zu treffen hat. Diese
Dilemma-Situationen grenzt Watzlawick zudem von den paradoxen Handlungsaufforderungen ab: „Der wichtigste Unterschied zwischen einer widersprüchlichen und einer paradoxen Handlungsvorschrift besteht darin, daß man im Fall der
ersteren eine Alternative wählen muß und damit eine andere verliert oder erlei-
det. Dieses Ergebnis kann höchst unerfreulich sein – jede Rose hat Dornen, und
selbst das kleinere Übel ist immer noch ein Übel. Die paradoxe Handlungsvorschrift dagegen macht die Wahl unmöglich: Weder die eine noch die andere
Alternative steht tatsächlich offen, und ein selbstverewigender, oszillierender Pro-
zeß wird in Gang gesetzt" (Watzlawick et al. 2003, S. 201). Nur diese paradoxen,
nicht aber widersprüchliche Handlungsaufforderungen können auf eine spezi-
fische Art und Weise pathologisch werden, da in der Dilemma-Situation durch
Entscheidung ein Ausweg gefunden werden könne (vgl. Watzlawick et al. 2003,
S. 200–201). Hagenbüchle bezieht sich im Zusammenhang mit diesen Paradoxien auf den Begriff der *rekursiven Schleife* (vgl. Hagenbüchle 1992, S. 33). Dieser
bezeichnet die Reaktion des in pragmatische Paradoxien Verwickelten auf die
Auflösungsversuche.

Zum ersten Mal haben die Psychologen Bateson, Jackson, Haley und Weakland
die Wirkung von Paradoxien in menschlichen Interaktionen im Jahre 1956 unter
dem Titel „Toward a Theory of Schizophrenia" untersucht und den Begriff *double
bind* geprägt für die Beschreibung von Interaktionsmustern, die unter dem Einfluss von Paradoxien stehen (vgl. Watzlawick et al. 2003, S. 194–201). Die Dop-
pelbindungstheorie beschreibt die doppelte Bindung eines Menschen an paradoxe
Botschaften. Die lähmende Wirkung solcher Aussagen entfaltet sich besonders in
Beziehungen, die einen hohen Grad an „physischer und/oder psychischer Lebens-
wichtigkeit" aufweisen. „Derartige Situationen ergeben sich u. a. in Familien (besonders zwischen Eltern und Kindern), in Krankheit, Gefangenschaft, materieller
Abhängigkeit, Freundschaft, Liebe, Treue zu einem Glauben, einer Sache oder einer
Ideologie, in durch gesellschaftliche Normen oder Traditionen bedingten Lagen
[…] usw." (Watzlawick et al. 2003, S. 196). Überträgt man diese Aufstellung von
Watzlawick et al. auf das Konzept der semantischen Räume, sind es diese Faktoren,
welche die jeweilige Ordnung in den jeweiligen Räumen bestimmen. Die Grenzüberschreitung von einem Raum in den anderen bei gleichzeitiger Bindung an den
alten Raum führt zu Double-binds, die dem Helden entgegenstehen und als anta-

gonale Kräfte den Konflikt steigern. Auch die beiden oben beschriebenen Beispiele von Freud und den japanischen Christen können in diesem Sinne als Double-binds bezeichnet werden.

Die besondere Kraft von Double-binds und die damit verbundene Relevanz für die Markenführung wird deutlich, wenn man die potenzielle Wirkung dieser paradoxen Handlungsaufforderungen auf den Menschen in Betracht zieht. Zwar „besteht kein Zweifel, daß die Welt, in der wir leben, alles andere als logisch ist und daß die meisten von uns ihre Normalität bewahren können, obwohl wir alle doppelbindenden Situationen ausgesetzt sind" (Watzlawick et al. 2003, S. 197). Sollten aber Menschen längere Zeit oder besonders intensiv solchen Konstellationen ausgesetzt sein, sind pathologische Reaktionen keine Seltenheit (vgl. Watzlawick et al. 2003, S. 197–202).

Paradoxe Situationen sind für Menschen also häufig nur schwer aufzubrechen, nur schwer zu ertragen und können in einer Schizophrenie[6] enden. Welche immense Spannkraft Double-binds auch für Geschichten haben, ist bereits im Ansatz aus den Beispielen Freuds und der christlichen Japaner ersichtlich geworden. Ebenso erkennbar ist die literarische Qualität paradoxer Handlungsaufforderungen und den entstehenden Double-binds in der eingangs erwähnten Situation des Arztes Amadeo de Prado aus Pascal Merciers Roman „Nachtzug nach Lissabon". Prado befindet sich in einer unhaltbaren Situation, er ist doppelt an seinen hippokratischen Eid gebunden, denn wie er sich auch entscheidet, er kann ihn nicht erfüllen. Lässt er den Schlächter sterben, hat er gegen ihn verstoßen, lässt er ihn leben, müssen weitere Menschen unter ihm leiden, womit er in letzter Konsequenz der Menschheit ebenso Schaden zufügen würde. Prado entscheidet sich, das Leben des Schlächters zu retten, zerstört aber sein eigenes. Die Menschen verlieren die Achtung vor dem Arzt, seine Persönlichkeit zerbricht daran.

Geyer beschreibt Paradoxien als Signale einer Denkkrise, die durch die Vorherrschaft der Logik und der damit einhergehenden Ausklammerung von Widersprüchlichkeiten hervorgerufen wurde. „Paradoxien sind Reibungsenergien, die entstehen, wenn die zeitlose Logik des Entweder-Oder auf Gegenstandsbereiche historischer Bewußtseinsphänomene, oder allgemeiner auf dynamische Kontinua angewendet wird" (Geyer 1992, S. 12). Sie seien also als „Waffe gegen die Systembildung" zu verstehen, als „Figuren des Widerstands gegen die Machtergreifung der Logik" (Geyer 1992, S. 12), denn niemand sei entweder „gut" oder „schlecht", sondern kann sowohl schlecht, als auch gut sein – je nach Situation oder Zeitpunkt (vgl. Geyer 1992, S. 13). Für Roland Hagenbüchle ist „das Prinzip Paradox […]

---

[6] Heute werden natürlich Störungen im Neurotransmitterhaushalt als „Ursachen" des Ausbrechens einer „Schizophrenie" diskutiert.

ebenso fundamental im menschlichen Denken verankert wie das aristotelische
Prinzip des ausgeschlossenen Widerspruchs" (Hagenbüchle 1992, S. 28). Entsprechend hat das Paradox nicht nur verstörende Wirkung, sondern hat zugleich eine
Hinweisfunktion auf Werte und Normen unserer Gesellschaft. Paradoxe sind also
nicht nur Ergebnisse bestimmter Beziehungsdeterminanten, wie sie Watzlawick als
Voraussetzung für Double-binds nennt, sondern weisen gleichzeitig auf diese Beziehungen hin. „Aus dieser Sicht erweist sich das Paradox wesentlich als ein Phänomen der Grenze […], genauer der Grenzüberschreitung" (Hagenbüchle 1992,
S. 37). Paradoxien thematisieren die Grenze zwischen den eigentlich in Opposition
stehenden Positionen. Grenzüberschreitungen als Paradoxie deuten somit auf Werte und Normen, die zur Unterscheidung führen. Dadurch erhält laut Hagenbüchle
das Paradox einen Appellcharakter. Der Rezipient werde dazu gebracht, „seine Auf-
fassung von sich selbst und der Welt, also seine impliziten Präsuppositionen, neu
zu überdenken" (Hagenbüchle 1992, S. 41). Dabei könne das Paradox als „blind al-
ley", „double bind", als subversiver Normverstoß oder aber als positive Provokation
wahrgenommen werden (vgl. Hagenbüchle 1992, S. 41).

Welche Kraft diese paradoxen Situationen für das Storytelling haben, weiß auch
Dennis Eick, der nach Natew (1971) diese Paradoxien als die *Essenz des dramatischen Dilemmas* bezeichnet (vgl. Eick 2006, S. 88–89). Vergeblich versuche sich die
Figur den äußeren Umständen anzupassen. Doch das Problem sei nicht einfach
durch Verstandsargumente zu lösen. Die Ursache für das dramatische Dilemma
sei darin zu suchen, dass das Wesen des Menschen sowie dessen Existenzberechti-
gung durch die unhaltbare Situation vollkommen erschüttert würden. Seinen Ausbruch finde dieses Dilemma in inneren und äußeren Konflikten. Im dramatischen
Konflikt stünden sich beide Kontrahenten gegenüber und sind gleichzeitig durch
ein dramatisches Dilemma miteinander verbunden. „Das ‚Herzstück' des dramatischen Konflikts ist gerade das ‚Miteinander' der Menschen und ihr gleichzeitiges,
durch ein schicksalhaftes Dilemma erzeugtes ‚Gegeneinander'" (Eick 2006, S. 89).
Dieses Dilemma spüren wir auch bei dem portugiesischen Arzt Prado. Die Gesellschaft wird zu seinem Gegner, mit dem er gleichzeitig verbunden ist. Wie auch
handelt, es gibt für ihn keine Lösung.

Ob Dilemma oder Double-bind – für unsere Betrachtungen des Konflikts ist
weniger wichtig, genau festzustellen, ob es um paradoxe oder aber lediglich widersprüchliche Handlungsaufforderungen geht. Es ist weniger wichtig, genau zwischen diesen Zuständen zu differenzieren. Wichtig ist vielmehr, dass beide Konflikte, also Widerspruch und Paradox, Treiber von Geschichten sein können und dass
wir mit Logik diesen Phänomenen nicht beikommen können. Spannend ist dabei,
was der Protagonist aus seiner Dilemma-Situation, aus seinem Double-bind macht.
Interessant ist, wie Freud sein Problem mit den Nazis löst und ob es im 17. Jahrhundert japanische Christen gab, die sich durch List aus ihrer unhaltbaren Situation

befreien konnten. Spannend ist, was der Mensch aus dem Konflikt macht – reißt es ihn hinab in die Selbstaufgabe oder schafft er die Synthese. Für McKee sind es entsprechend dramatische Situationen, die den wahren Charakter des Helden hervorbringen: „How a character chooses in a true dilemma is a powerful expression of his humanity and of the world in which he lives" (McKee 1997, S. 249). Und das ist wiederum ein Element, warum eine Geschichte erzählens- oder lesenswert wird, warum wir sie als spannend empfinden.

3.2.2 Der Konflikt als Motor von Identität und Gesellschaft

In den bisherigen Abschnitten haben wir uns mit dem Wesen des Widersprüchlichen, des Paradoxalen und seiner Wirkung beschäftigt. Jetzt möchten wir die Wirkweise noch etwas differenzierter betrachten und darstellen, dass der Konflikt der Motor verschiedenster Bereiche ist.

Wer kennt nicht Situationen, in denen wir widersprüchliche Gefühle in uns wahrnehmen? Gleichzeitig angezogen und abgestoßen von etwas zu sein, etwas zu mögen und gleichzeitig abzulehnen, etwas zu lieben und genauso zu hassen. Emotionen können äußerst gegensätzlich sein, aber anstatt dass sie sich, logisch betrachtet, gegenseitig ausgleichen, wirken diese Emotionen gleichzeitig, nebeneinander und sogar füreinander (vgl. Greenspan 1980). Faszination beispielsweise ist ein Zustand, der sich aus widersprüchlichen Emotionen zusammensetzt. Dieses Ineinander und Miteinander von Anziehungskraft und Abstoßung, welches die Faszination ausmacht, lässt sich gut anhand von Verkehrsunfällen illustrieren. *Schaulustige* nennen wir die Masse, die offensichtlich so etwas wie Lust an dem Katastrophenszenario empfindet.

Die Figur der Medusa gilt als mythologische Verkörperung dieser widersprüchlichen Kräfte. Ihre Wirkung ist das gleichzeitige Gebanntsein durch ihre Erscheinung mit dem Wissen um Vernichtung (vgl. Huth 2007, Teil 0, S. 18). Ebenso sei das Gefühl des Erhabenen eine Emotion, die sich beispielsweise bei der Betrachtung der schwer fassbaren Größe eines Gebirges einstelle und ebenso widersprüchliche Gefühle auslöse (vgl. Huth 2007, Teil 0, S. 19). Neben dem „Reiz des Verbotenen" oder der „Hass-Liebe" existieren sicherlich noch unzählige weitere dieser ambivalenten Zustände.

3.2.2.1 Von innen …
Das Widerstreitende im Menschen ist schon lange Gegenstand philosophischer und psychologischer Betrachtungen. Kurt Lewin hat die Feldtheorie in die Sozialwissenschaften importiert (vgl. Lewin 1963). Er proklamiert, dass sich menschliches Handeln aus verschiedenen Kräften ergebe, die im Feld ähnlich magnetischer

Anziehungen oder Abstoßungen auf ihn wirken. So komme es zu drei verschiedenen Konfliktkonstellationen, die sich aus den Kollisionen von Appetenzen und Aversionen ergeben. Der *Appetenz-Appetenz-Konflikt* entstehe, wenn zwei Objekte das Individuum anziehen und ihm so eine Entscheidung für das eine oder das andere erschweren oder gar unmöglich machen. Ein *Aversions-Appetenz-Konflikt* liege dann vor, wenn eine anziehende und eine abstoßende Kraft auf ihn wirken. Was sich in der Physik aufheben würde, bleibt jedoch in der Psychologie als „Wechselbad der Gefühle" bestehen. Ein *Aversions-Aversions-Konflikt* stellt den Menschen vor eine Entscheidung zwischen zwei Übeln. Wir sehen an den Überlegungen Lewins, dass der Konflikt einen wesentlichen Einfluss auf unser Verhalten hat und aus unserem Alltag nicht wegzudenken ist.

Leon Festinger hat mit seiner Theorie der kognitiven Dissonanz eine menschliche Lösungsstrategie für solche Konflikte beschrieben (vgl. Festinger 1962). Ausgangspunkt sind auch bei ihm – formal gesehen – zwei logisch nicht konsistente Aussagen, die beim Individuum zu Dissonanzen führen. Als Reaktion auf die Dissonanz bleiben dem Betroffenen drei Möglichkeiten: Entweder kann er die Dissonanz minimieren durch selektive Wahrnehmung, Einbildung etc. – sprich durch Veränderung eines oder beider der sich widersprechenden Elemente des Widerspruchs. Oder er kann sich aus der Dissonanz herausziehen, indem er die konfliktären Elemente aus seinem Umfeld entfernt. Und schließlich kann er die Dissonanz tolerieren, was laut Festinger aufgrund der niedrigen Ambiguitätstoleranz, wie sie für die meisten Menschen typisch ist, mit zum Teil erheblichen Anstrengungen verbunden ist.

Auch diese Theorie zeugt davon, wie verschiedene Handlungsstrategien und Lösungsmöglichkeiten Spannung erzeugen können. Rufen wir uns Clint Eastwoods Film *Gran Torino* in Erinnerung: Der Rassist, der die Grenze zu seinen verhassten asiatischen Nachbarn mehr oder weniger freiwillig überschreitet und feststellt, dass seine Vorurteile nicht immer zutreffen, stürzt sich in eine kognitive Dissonanz zwischen dem Erlebten und seinen Idealen. Der Konflikt zwischen diesen Elementen erzeugt Spannung.

Freud führt Ambivalenzen zurück auf die widerstreitenden Prinzipien im Unbewussten, auf den Konflikt zwischen dem Lust- und dem Todestrieb, zwischen Libido und Thanatos, dem ständigen Hin und Her zwischen dem Wunsch nach Stillstand und Veränderung (vgl. Freud 1969). Mythenforscher Joseph Campbell, der sich die Mühe gemacht hat, die großen Mythen, Volkssagen und Religionen zu vergleichen und die ihnen zugrunde liegenden transkulturellen Konstanten herauszuarbeiten (vgl. Campbell 1999), sieht im Konflikt einen Dualismus, der dem Innersten des Menschen entspringt. Der Held im Mythos und damit letztlich auch jeder Mensch, der diese Mythen wissentlich oder unwissentlich rezipiert, bestehe das Abenteuer in Wahrheit nicht in der Außenwelt, sondern in seinem Innern.

„Unbekannte Stellen und Gegenden, wie Wüste, Dschungel, Meeresgrund und fremde Länder, geben freien Raum für die Projektion unbewußter Inhalte. Von dort wird inzestuöse Libido und vatermörderische Destrudo dem Individuum und der Gruppe zurückgespiegelt in Gestalten, die drohende Gewalt und phantastische gefahrvolle Lust suggerieren" (Campbell 1999, S. 80). „Die Fahrt des mythischen Heros mag sich auf der Erde abgespielt haben: im Grunde geschah sie drinnen und führte in Tiefen, wo finstere Widerstände überwunden und lang verlorene und vergessene Kräfte wieder belebt werden, damit sie der Verwandlung der Welt dienen können" (Campbell 1999, S. 35). Überhaupt sei die Schöpfung der Welt, das Herausschälen der Zeit aus der Ewigkeit, theologisch nur so zu erklären, dass der Zustand der Vollkommenheit in Gegensätze zerfalle (vgl. Campbell 1999, S. 143–164). In zahlreichen Ländern bzw. Kulturkreisen sei laut Campbell eine der Grundmöglichkeiten, mit dem Geheimnis der Schöpfung umzugehen, die „Absonderung des Weiblichen" als Zerfall des Vollkommenen in Gegensätze zu verstehen. Die „natürliche Konsequenz [ist] die Entdeckung der Dualität von Gut und Böse, die Vertreibung aus dem Garten, da Gott auf Erden wandelt, und im Zusammenhang damit die Errichtung der Paradiesmauer, bestehend im ‚Zusammenfall der Gegensätze', die dem Menschen, der jetzt gespalten ist in Mann und Weib, nicht nur den Anblick des Gottesbildes verwehrt, sondern selbst die Erinnerung daran" (Campbell 1999, S. 148). Auch hier wird deutlich, dass unsere Welt nicht ohne Widerspruch und Gegensatz denkbar ist, denn wie soll das Gute ohne das Böse existieren? Der Weltnabel, der laut Campbell für die Quelle allen Daseins stehe, habe beide Seiten des Widersprüchlichen, des Konfliktären hervorgebracht. Ihm entstammt „die Fülle des Guten in der Welt sowohl wie die des Übels. Hässlichkeit und Schönheit, Sünde und Tugend, Lust und Schmerz sind gleicherweise von ihm hervorgebracht" (Campbell 1999, S. 48).

Ein ganzes System ambivalenter Gefühle findet sich in der Familie – zwischen Eltern und Kind (vgl. Parsons und Bales 1955). Hier sind die Emotionen, die sich aus Nähe und Distanz ergeben, von zentraler Bedeutung. Einerseits genießen die jungen Eltern die Nähe zum hilflosen Neugeborenen, andererseits brauchen sie für ihr persönliches Wohlbefinden ebenso Abstand. Möchten einerseits die jungen Eltern, dass ihr Kind möglichst lange in den jeweiligen Entwicklungsstadien verbleibt, um noch länger oder auch überhaupt erst am jeweiligen Stadium teilhaben zu können, sind die Eltern ebenso fixiert auf den Fortschritt, den das Kind macht, auf die Entwicklungen, die – wiederum im Vergleich zu anderen Kindern – nicht schnell genug gehen können; auch aus der Angst heraus, das eigene Kind läge zurück in der Entwicklung. Diese Ambivalenzen zeigen, dass auch hier – im familiären Kontext, der eigentlich auf Harmonie ausgerichtet ist und nach Ausgleich sucht – Differenz aufgebaut werden muss, mit welcher der Konflikt einhergeht. Kinder wollen sich abkoppeln, brauchen aber gleichzeitig Nähe. Sie wollen die Welt selbst erkunden, wollen und müssen aber gleichzeitig in sie eingeführt werden. Familie ist also der vorprogrammierte Konflikt. Eltern-Kind-Beziehungen sind gleichzeitig geprägt vom Bindungs- und Entbindungswillen. Sämtliche Stationen, selbst in der frühkindlichen Phase sind von diesem Konflikt überschattet. Von der Entwöhnung der mütterlichen Brust, über das erste eigene Spiel- und Schlafzimmer, von der Pubertät bis zum endgültigen Verlassen des elterlichen Haushalts, ist das Kind einem fortwährenden Abnabelungsprozess bei gleichzeitiger kultureller Bindung an Eltern und Familie ausgesetzt. Dieser Abnabelungsprozess impliziert auch das Hineinwachsen in verschiedene Rollen, die der Heranwachsende im Laufe seines Lebens lernt, wahrzunehmen. Und gerade im System Familie kollidieren diese Rollen und führen zu Konflikten (vgl. Parsons und Bales 1955). Obwohl im Laufe der Zeit verschiedene Rollen die Identität bestimmen, bleibt man in der Familie beispielsweise gleichzeitig Tochter, Mutter, Schwester, Freundin, Schülerin, Studentin, Tante oder Arbeitnehmerin. Nicht umsonst sind es gerade familiäre Kontexte, die den Stoff zahlreicher Geschichten ergeben, die sich um die sichtbaren und unsichtbaren Rollenkonflikte drehen.

Das Stadium der Adoleszenz ist ebenso geprägt von Konflikten. Hier geht es insbesondere um die Entwicklung der eigenen Identität, immer auch im Hinblick auf die der anderen. Gabriel und Lang betonen, dass sich Identität als Projekt prozessual zwischen Abgrenzung und Sozialisierung zu einer Gruppe, also zwischen Individualität und Zugehörigkeit, herausbilde (vgl. Gabriel und Lang 1995). Hinzu kommt, dass Identität erst im Spiegel des Gegenübers sichtbar wird, da wir als psychische Systeme und aufgrund unseres blinden Flecks, welcher jedes System vor die gleichen Probleme stellt, nicht beobachten und gleichzeitig uns dabei beobachten können. Diese Reflexion kann nur seriell und nur auf Basis der Beobachtungen anderer geschehen (vgl. Luhmann 1987). Wir sind also bei der Identitätskonstruktion auf andere angewiesen und sehen, dass diesem Prozess der Konflikt inhärent ist – sei es aus psychischer oder soziologischer Sicht, sei es also in Auseinandersetzung mit dem Selbst oder mit der Gesellschaft. Beides ist nicht voneinander zu trennen. So ist beispielsweise die Rebellion des Individuums gegen die Gesellschaft ein Moment, das sich zwar sozial äußert – man denke an die Punkbewegung –, aber nicht zuletzt auch psychisch motiviert ist und sich ebenso wiederum auf den Charakter niederschlägt. Der Konflikt ist also der wesentliche Motor von Identität.

3.2.2.2   … nach außen

Bleiben wir kurz beim Punk und denken uns eine Geschichte aus, in der es um einen Jugendlichen und dessen gesellschaftliches Umfeld geht. Das psychische Auf und Ab während der Pubertät steigert sich zu einem Gesellschaftskonflikt im Sinne der verschiedenen Ebenen, in denen sich Konflikte abspielen können (vgl. McKee 1997). Klammern wir das Individuum aus, ist der jugendliche Punk – aus einer Makroperspektive betrachtet – eigentlich nur noch ein Akteur in diesen großen Konflikten, die sich abspielen zwischen Oben und Unten, Arm und Reich, zwischen gesellschaftlichen Gruppen, zwischen Sub- und Hochkultur und – systemtheoretisch betrachtet – ebenso zwischen sozialen Systemen.

Die Art und Weise, wie politische Propaganda Konflikte für ihre Zwecke nutzt, verweist auf das stabilisierende Moment von Konflikten. Besonders deutlich wird dies in George Orwells Roman „1984". Die drei verbliebenen Superstaaten befinden sich im ständigen Krieg, was für die Bevölkerung jedoch selten direkt spürbar ist. Der fortlaufende Konfliktzustand wird jedoch von der herrschenden Regierung als Ursache für die Missstände im Land benannt. Mit der an sich schon widersprüchlich formulierten Aussage „Krieg ist Frieden" findet dieses Paradox seinen Ausdruck.

Caspar Hirschi beschreibt in seiner Dissertation „Wettkampf der Nationen", wie sich ein Prinzip des Wettstreits aus der griechischen Kultur des Altertums heraus im gesamten europäischen Raum verbreitet (vgl. Hirschi 2005, S. 258–261). Er nimmt dabei Bezug auf ein *agonales Prinzip*, das von dem Schweizer Kulturhistoriker Jacob Burckhardt bereits Mitte des 19. Jahrhunderts als zentraler Motor der griechischen Gesellschaft im Altertum dargestellt und später von Johan Huizinga und Pierre Bourdieu wieder aufgegriffen und als notwendiger Bestandteil jeder Kultur identifiziert wurde. Aus der griechischen Adelsschicht heraus habe sich laut Burckhardt das agonale Prinzip in sämtliche Gesellschaftsbereiche ausgebreitet. „Alle Tätigkeiten, die dem Licht der Öffentlichkeit ausgesetzt waren, wurden zu einer ‚Sportart'. Gleichzeitig bedeutet der individuelle Erfolg eine meritokratische Nobilitierung. Das Geschäft des Dramatikers, des Philosophen und des Bildhauers drehte sich letztlich um die persönliche Ehre, die heller zu glänzen hatte als jene der beruflichen Mitstreiter" (Hirschi 2005, S. 259).

Konflikte, Widerstreit und Widerspruch liegen also der Differenzierung der Gesellschaft zugrunde. Wettstreit und Konflikt finden sich im System Wirtschaft als ein wesentliches Prinzip wieder, das sich aus dem Wettbewerb verschiedener Marktteilnehmer ergibt. Wettbewerbsvorteil ist in diesem System eine strategische Größe, die Unternehmen einen Vorsprung gegenüber ihren Konkurrenten verschafft (vgl. Porter 1980).[7] Dieser Wettbewerbsvorteil soll nicht zuletzt auch durch Innovationen entstehen, um sich auf diese Weise dem Wettbewerb und damit dem Streit immer wieder entziehen zu können (vgl. Kim und Mauborgne 2005). Auf der Suche nach dem Neuen wird verstärkt gerade die Antithese gesucht, die sich

---

[7] Das Konzept des Wettbewerbsvorteils hat Porter auch auf Nationen übertragen (vgl. Porter 1990).

zumeist in Subkulturen und Szenen als Gegenbewegung zum Mainstream formiert. „Das Neue ist etwas Traditionelles, es orientiert sich am Alten. Das Neue erfordert, um verstanden zu werden, deswegen keinen Verweis auf etwas Verborgenes, Wesenhaftes, Wahres" (Groys 2002, S. 11). Das Neue oder Unbekannte lässt sich also nur in der Differenz zum Alten oder Bekannten darstellen. Das Neue orientiert sich am Alten, es bildet eine Antithese zum Alten. Um das Neue zu erkennen, braucht es das Alte als eine Art Kontrastmittel. Die Vergemeinschaftung in Szenen vollzieht sich in Netzwerken, wo sich das Neue als eine Art Antithese bildet, welche den Deutungsrahmen einer Szene darstellt. „Szenen sind nicht nur interessensbezogene, ästhetische Gemeinschaften, sondern auch Deutungsgemeinschaften, die Trends und Issues generieren" (Liebl 2000, S. 83). Somit rücken Szenen auch für das Marketing in den Fokus des Interesses. Gerade hier finden sich Konflikte, die den Treiber für spannende Geschichten bilden können.

Für Autor Alex Shakar ist in seinem Roman „Der letzte Schrei" der Konflikt der Kern jedes funktionierenden Produkts, jeder funktionierenden Marke. Und es sei der Job von Trendscouts, diesen zum Vorschein zu bringen. Er nennt den Konflikt *Paradessenz*, also die paradoxe Essenz. Dieser sei der Kern jeder guten Marke, jedes guten Produkts. Bei Kaffee sei es zugleich Anregung und Entspannung, beim Auto Unternehmungslust und Sicherheitsbedürfnis, bei Eiscreme Eros und Unschuld zugleich. Im Laufe des Romans erkennt die Protagonistin, welche eine Grenzüberschreitung in die glitzernde Welt des Marketings wagt, „dass die Leute Paradessenzen, Widersprüche wollen […]; dass Widersprüche den Menschen helfen, das Leben zu meistern; dass die ‚gebrochene Seele' eines Produkts […] in milderem Licht betrachtet genauso gut sein Zauber genannt werden kann, seine Kraft, Gegensätze aufzuheben, dem Verbraucher zu gestatten, beides zugleich und alles auf einmal zu bekommen, ein neues Paar Turnschuhe zu kaufen, um sich nicht allein in die Erde zu krallen, sondern auch in die Lüfte zu erheben, einen Fuß auf sicherem Boden und den anderen im steilen Überflug auf den Schwingen der Markenidentität, um Teil jenes höheren Produktmythos zu werden und mit einem kühnen Satz der Einbildungskraft Brücken zu schlagen zwischen Körper und Geist, Traum und Verantwortung, Erscheinungen und Vorstellungen, Leben und Kunst" (Shakar 2002, S. 153).

Auch im Kunstbereich bzw. -betrieb ist der Konflikt eine gängige Strategie. Zu der ständigen Suche nach dem Neuen, nach Innovationen kommt natürlich immer auch die notwendige Generierung von Aufmerksamkeit hinzu, die sich über Provokationen erreichen lässt. Man denke hierbei nur an die heftigen Kontroversen der Aktion „Shoot" des Performance-Künstler Chris Burden, der sich am 19. November 1971 in seinen Arm schießen ließ. Aber Kunst auf Innovationsdruck und Aufmerksamkeit zu reduzieren wäre sträflich. Schon 1915 beschreibt der russische

Schriftsteller Viktor Sklovskij die Funktion der Kunst als Reflexionsmedium. „Um für uns die Wahrnehmung des Lebens wiederherzustellen, die Dinge fühlbar, den Stein steinig zu machen, gibt es das, was wir Kunst nennen. Das Ziel der Kunst, uns ein Empfinden für das Ding zu geben, das Sehen und nicht nur Wiedererkennen ist. Dabei benutzt die Kunst zwei Kunstgriffe: die Verfremdung der Dinge und die Komplizierung der Form, um die Wahrnehmung zu erschweren und ihre Dauer zu verlängern. Denn in der Kunst ist der Wahrnehmungsprozess ein Ziel in sich und muss verlängert werden. Die Kunst ist ein Mittel, das Werden eines Dings zu erleben, das schon Gewordene ist für die Kunst unwichtig" (Sklovskij 1966, S. 14). Dieser Prozess schreitet ständig fort. Auch Paradoxien und Konflikte sind ein wirksames Mittel für diese Interventionen. Paradoxien regen durch ihre prinzipielle Unauflösbarkeit dazu an, bestehende Systemgrenzen zu sprengen. Paradoxe Interventionen sind eine hochwirksame Methode, eingefahrene Interaktions-Muster zu durchbrechen und neue, kreative Lösungen zu finden. Für Luhmann geht es der Kunst aber weniger darum, eine bessere Welt zu entwerfen. Es gehe eher darum, die Welt beim Beobachtetwerden zu beobachten, dies wiederum auszudrücken und damit Möglichkeiten veränderter Wahrnehmungsweisen aufzuzeigen (vgl. Luhmann 1990, S. 40). Literatur und Kunst sind hingegen für Geyer Systeme, die das Paradoxe in ihrer ästhetischen Scheinwelt verwenden und somit die Aufmerksamkeit des Rezipienten auf paradoxe Phänomene im alltäglichen Denken lenken (Geyer 1992, S. 14). Er nennt die Dramen Shakespeares als Beispiel, weil diese die eindeutige Auflösung der Konflikte schuldig/unschuldig, Ehre/Unehre, Person/Maske verweigern (vgl. Geyer 1992, S. 19). Hagenbüchle geht noch einen Schritt weiter und benennt Paradoxe als „Basis eines kreativen, kategoriesprengenden Denkens, das aus dem Prinzip des Widerspruchs seine schöpferische Kraft gewinnt" (Hagenbüchle 1992, S. 27). Dies sei im Genre des Dramas ebenso zu finden, wie innerhalb der Volksdichtung verschiedenster Länder – dazu bezieht er sich auf den Schweizer Literaturwissenschafter und Märchenforscher Max Lüthi (vgl. Hagenbüchle 1992, S. 28).

Aus einer noch allgemeineren Perspektive heraus kann man Gesellschaft als System begreifen, das aus funktional ausdifferenzierten Teilsystemen besteht, also beispielsweise aus Wirtschaftssystem, Rechtssystem, politischem System, Mediensystem usw. Nach Luhmann sind diese Systeme geschlossen und arbeiten streng nach ihrer eigenen Logik, nach ihrem eigenen Code. Beim Wirtschaftssystem geht es um Haben/Nichthaben, beim Rechtssystem um Recht/Unrecht, bei der Politik um Regierung/Opposition usw. (vgl. Luhmann 1987). Zwar spricht Luhmann von operativer Geschlossenheit der Systeme, was heißt, dass es diesen Systemen unmöglich ist, miteinander zu kommunizieren. Es fällt aber auf, dass die Systeme trotzdem irgendwie miteinander arbeiten müssen. Luhmann verwendet den Begriff der „strukturellen Kopplung". Auch hier ist der Konflikt ein wesentliches

Element. Mal abgesehen von Moral und Glaubwürdigkeit – ist beispielsweise der
Atomausstieg für Parteien ein Mittel, sich thematisch zu positionieren, um letztlich das Ziel „Regierung" zu erreichen, ist es für Lobbyisten der Atomkraftwerke
oder der regenerativen Energiewirtschaft eine Frage von Haben/Nichthaben. Für
Umweltorganisationen hingegen ist der Konflikt ebenso überlebensnotwendig, da
es ohne den Gegenstand des Protests die Bewegung auch nicht gebe. Wir merken,
dass genau diese Konflikte auf gesellschaftlicher Ebene spannende Geschichten
hervorbringen können. Ohne Konflikt, ohne die Antithese gäbe es diese Geschichten nicht. Der französische Medientheoretiker, Philosoph und Soziologe Jean
Baudrillard beklagte bereits in den achtziger Jahren das zunehmende Fehlen von
Antithesen: „[W]ir leben in einer Art Gesellschaft, die sich als solche nicht mehr
verneint. Man kann noch versuchen, sie von einem kritischen Standpunkt aus zu
analysieren – was übrigens immer schwieriger wird –, aber sie selbst produziert
aufgrund ihrer inneren Struktur keine kritischen Gesichtspunkte mehr. Sie produziert nur noch eine Art selbstgerechtfertigter und selbstprophetischer Positivität,
immanenter Operationalität. Sie verneint sich nur, indem sie wie die Mode sich
in sich selbst verwandelt. Darin liegt keine wirkliche Negativität, sondern eine Art
absoluter Positivität, die allerdings mobil und schwebend ist. [...] Natürlich hat
diese ununterbrochene Produktion von Positivem eine schreckliche Folge: wenn
sie nämlich das Negative Krise und Kritik zur Folge hat, zieht das absolut Positive
die Katastrophe nach sich, weil es eben nicht fähig ist, die Krise und die Kritik in
homöopathischen Dosen zu verkraften. Alle Strukturen, alle Systeme, alle sozialen
Körperschaften, die ihre negativen und kritischen Elemente hetzen, ausstossen, ex-
orzieren, bergen die Gefahr einer Katastrophe infolge Umdrehung und vollständi-
ger Implosion, genauso wie jeder biologische Körper, der alle seine Keime, Bazillen
und Parasiten hetzt und vertreibt, sich der Krebsgefahr aussetzt, d. h. der Gefahr
einer sehr schnellen Reproduktion und aufzehrenden Positivität der eigenen Zel-
len; er läuft Gefahr, von seinen eigenen, jetzt arbeitslosen Antikörpern aufgefressen
zu werden" (Baudrillard 1989, S. 24).

Auch Marken haben lange genug Positives produziert. Es wird Zeit, dem auch
mal etwas Negatives entgegenzusetzen, bevor, wie es Baudrillard ausdrückt, alles
implodiert. Dabei geht es aber nicht darum, destruktiv zu werden, sondern den
Konflikt für die Markenführung zu synthetisieren und damit zu kapitalisieren.

3.3 Narration als Synthese des Konflikts

Der Konflikt, so wie wir ihn verstehen, ist ein sehr facettenreiches Phänomen. Geholfen bei der Betrachtung des Konflikts haben uns Ansätze aus der Konfliktforschung, aus der Literaturwissenschaft und Drehbuchtheorie und Ansätze aus der Soziologie und Psychologie. Durch die narrative Brille gesehen, lässt sich feststellen, dass der Konflikt durch Grenzüberschreitung des Protagonisten in einen fremden semantischen Raum entsteht. Oder einfacher ausgedrückt, durch das, was den Helden von seinem Ziel trennt oder ihm im Wege steht. Diese antagonalen Kräfte mögen innere Konflikte sein, können aber auch Personen, also äußere Gegner des Helden sein. Es kann ihm eine ganze Gesellschaft entgegenstehen oder sogar kosmische Kräfte können sich gegen ihn wenden. Diese Konfliktebenen haben uns dahin gebracht, den Konflikt auf einer zunächst abstrakten Weise zu betrachten und dann nach Feldern zu suchen, in denen Konflikte auftreten und sogar notwendig für deren Existenz sind. Mit den folgenden Betrachtungen der Mythen und ihrer Funktion, die großen Konflikte der Menschheit zu thematisieren und einen Umgang mit ihnen zu erleichtern, merken wir, dass es der narrative Mantel ist, der die Konflikte synthetisiert. Möchte man also den Konflikt als Spannungsmoment für die Markenführung nutzen, kommt man nicht um narrative Strukturen herum. Die Narration ist ein Weg, mit Konflikten umzugehen, Konflikt wiederum ist die notwendige Voraussetzung für Spannung in einer Geschichte.

3.3.1 Konflikt und Mythos

Ob innerer Konflikt, Personenkonflikt, Gesellschaftskonflikt oder gar kosmischer Konflikt – viele dieser Spannungen sind kein Phänomen der Neuzeit, sondern schon lange Bestandteil zahlloser Geschichten, Märchen oder Mythen. Der französische Soziologe und Philosoph Maurice Halbwachs hat maßgeblich das Konzept des kollektiven Gedächtnisses geprägt (vgl. Halbwachs 1985). Konflikte sind Teil des kollektiven Gedächtnisses. Die Zeitlosigkeit von Mythen beweist, wie stabil Konflikte tatsächlich sind. Für den Religionswissenschaftler und Religionsphilosophen Klaus Heinrich ist die bleibende Faszination, die von Mythen auch heute noch ausgeht, darauf zurückzuführen, dass in Mythen Konflikte enthalten sind, welche die Menschheit bis heute noch nicht lösen konnte (vgl. Heinrich 1991, S. 335–398). Carl Gustav Jung entdeckt mythenbildende Strukturelemente als „Archetypen" im „kollektiven Unbewussten" der menschlichen Gattung (vgl. Evers 1987, o. S.) Der französische Ethnologe und Anthropologe Claude Lévi-Strauss sieht im Mythos den Versuch, Widersprüche aufzulösen, welche die Gesellschaft bedrängen. „Durch den Mythos bringt der Mensch intellektuelle Paradoxien und damit verbundene tiefgreifende soziale Konflikte zur Sprache. Die Mythen sind ein Mittel, um unliebsame und unauflösbare logische Gegensätze und soziale Probleme auszudrücken" (de Ruijter 1991, S. 77). Der Mythos des „Barmherzigen Samariters" beispielsweise zeigt uns einen Konflikt, dem wir quasi täglich ausgesetzt sind. Weitere Beispiele für Mythen sind die alttestamentarische Geschichte des Kampfes zwischen „David gegen Goliath". Ebenso bekannt sind natürlich Geschichten aus der griechischen Mythologie, so zum Beispiel die um Ödipus, Ikarus, Sisyphus usw. All diese Mythen haben als zentralen Bestandteil archetypische Konflikte, welche die Probleme des Menschen und des Menschlichen thematisieren. Ihre Rezeption ist auch heute noch durchaus lohnenswert. Der Religionswissenschaftler Karl Kerényi setzt auf die Psychologie als Interpretationszugang zum Mythos. Die Tiefenpsychologie könne nicht nur auf die Tiefenstruktur des Einzelnen und dessen frühkindlichen Erfahrungen zugreifen, sondern auch auf die Urgründe der Menschenseele, „wo der Mythos zu Hause ist und die Urnormen, Urformen des Lebens gründet. Denn Mythos ist Lebensgründung; er ist das zeitlose Schema, die fromme Formel, in die das Leben eingeht, indem es aus dem Unbewußten seine Züge reproduziert" (Kerényi 2003, S. 7). Das, was uns der Mythos erzählt, ist demnach, das, was uns Menschen beschäftigt und wohl immer beschäftigen wird. Es sind die großen Themen, die großen Probleme des Menschlichen an sich – banal und aufregend zugleich. Auch McKee empfiehlt, bei der Wahl des Themas für ein erfolgreiches Drehbuch sich auf „archetype plots" zu konzentrieren und sich vom Stereotyp zu distanzieren. „An archetypal story creates settings and characters so rare that our eyes feast on every detail, while its telling illuminates conflicts so true to humankind that it journeys from culture to culture" (McKee 1997, S. 4).

In all diesen Schlaglichtern auf das Wesen des Konflikts wird etwas Transformatives sichtbar: Der Held ist der, der durch Grenzüberschreitung und Konflikt in seinem Wesen erschüttert und verändert wird und diese Veränderung zurück in seine Umwelt trägt. Joseph Campbell versieht diesen Gedanken der „rite de passage" mit den Stationen *Trennung, Initiation* und *Rückkehr* und bezeichnet ihn nach James Joyce als *Monomythos* (vgl. Campbell 1999, S. 36). Die Initiation bedeutet dabei die Konfrontation mit sich selbst. „Der Heros, ob Gott oder Göttin, Mann oder Frau, Mythengestalt oder Träumender, entdeckt und assimiliert sich seinen Widerpart – das eigene ungekannte Selbst –, indem er es verschlingt oder indem er von ihm verschlungen wird. [...] Dann findet er, daß er und sein Widerpart nicht verschiedener Natur, sondern ein Fleisch sind" (Campbell 1999, S. 106). Dass der Held das Abenteuer besteht, bedeutet für Campbell die Überwindung der Konflikte. „Denn sein Verschwinden und Wiederkehren bezeugt, daß durch alle Gegensätze der Erscheinungen hindurch das Ungeschaffene und Unvergängliche sich erhält und daß es nichts zu fürchten gibt." Götter und Helden seien im Mythos jedoch keinesfalls rein tugendhafte Figuren. Ganz im Gegenteil, denn gerade die griechische Mythologie hat Götter hervorgebracht, deren Janusköpfigkeit nicht zu leugnen ist. Die Tugend ist für Campbell nur die Vorstufe einer Ebene, in der die Gegensatzpaare transzendieren: „Wenn diese aber erreicht ist, was sind dann noch Lust und Schmerz, Laster und Tugend unseres eigenen oder eines fremden Ichs? Durch sie alle wird dann die transzendente Kraft gewahrt, die in allen lebt, in allen wunderbar und in allen unserer tiefen Ehrfurcht würdig ist. Denn, wie Heraklit gesagt hat: ‚Das auseinander Strebende vereinigt sich, und aus den Gegensätzen entsteht die schönste Vereinigung, und alles entsteht durch den Streit' Oder, wie wir es von dem Dichter Blake haben: ‚Das Brüllen der Löwen, das Heulen der Wölfe, das Toben der stürmischen See und das zerstörende Schwert sind Teile der Ewigkeit, zu groß für das Auge des Menschen.'" (Campbell 1999, S. 48). Der ausgetragene Konflikt, also das Abenteuer ist das, was den inneren Widerspruch überwinden und in einer höheren Synthese vereinen kann. Es ist also das Erzählende, die Narration, die den Konflikt bereits im Mythos synthetisiert und auch heute noch synthetisieren kann.

Auch die Dialektik Hegels verharrt nicht im Widerstreit zwischen These und Antithese, sondern transformiert sie zur Synthese. Bewusstsein, Selbstbewusstsein, absolutes Wissen, also Naivität, Selbsteinsicht, Erkenntnis sind die Stationen, die diesen Prozess kennzeichnen und im Moment der Äußerung eine Geschichte ergeben.

Konflikte finden also ihren Ausdruck in der Narration. Der Konflikt ist dabei eine Konstante, die sich nicht nur als Paradox durch die Volksdichtung, sondern auch durch neuere Geschichten, wie beispielsweise Filme (vgl. McKee 1997), zieht. Der Konflikt muss sich in narrative Strukturen und schließlich in Geschichten kleiden, damit er überhaupt erst erlebbar, handhabbar und gegebenenfalls auch lösbar wird. Die Konfrontation mit dem Konflikt in einer Geschichte ist insofern spannend, als es darum geht, was der Mensch aus dem Konflikt macht, wie der Held das dramatische Dilemma meistert.

3.3.2   Snippet: Wrestling – vom Wettkampf zum Showkampf

Trotz der reizvollen Analysemöglichkeiten abstrahierter Phänomene ist der „angewandte Konflikt", also der, der an Akteure gebunden ist, für Fragestellungen der Markenführung fruchtbarer. Wie sich ein Konflikt entwickeln und in verschiedenen Konfliktebenen transzendieren kann, wie sich ein eher sportlicher Personenkonflikt durch die Kraft der Narration zu einem Konflikt transformiert, der zwar zwischen zwei Kontrahenten ausgetragen, sich aber zu einem kosmischen Spektakel steigert, wollen wir noch einmal an einem interessanten Phänomen verdeutlichen. Dem Phänomen der Showkampf-Sportart „Wrestling".[8]

Wrestling ist eine Mischung aus Sport und Unterhaltung. Im Ring vermischen sich artistische, teilweise improvisierte Choreografie und Athletik, wobei der Sieger des Matches bereits vor dem Kampf feststeht. Sogar die Wissenschaft hat sich bereits mit dem Phänomen des Wrestlings beschäftigt. Gerhard Sonnert hat bereits 1993 unter dem Titel „Berufsringen – eine neue Arena für die Reproduktion politischer und kultureller Werte" (vgl. Sonnert 1993) untersucht, was an Bedeutung hinter den Showkämpfen steckt. Es seien Werte wie Patriotismus, Gerechtigkeit, Stolz, die das Wrestling in Konflikten verarbeitet. Es geht also um ehrliche und hinterhältige Wrestler – um gerissene und solide Manager und so weiter und so fort. Es sind diese sogenannten „Storylines", welche die Spannung dieses sportlich abgekarteten Wettstreits der Berufsringer erst ausmacht. Storylines sind soap-ähnliche Geschichten, die entweder vollkommen fiktiv sind oder sich aus realen Ereignissen speisen, wie beispielsweise aus Verletzungen von Sportlern, die im Nachhinein auf einen inszenierten unfairen Angriff eines Gegners zurückgeführt werden. Die Grenzen dieser Storylines zur Realität sind dementsprechend fließend. In der Geschichte der US-amerikanischen Wrestling-Ligen hat es zahlreiche Konflikte zwischen, aber auch innerhalb der Ligen gegeben, die zum Teil nicht mal vom Management geplant waren. Die beiden großen konkurrierenden Ligen, WWF (später WWE) und WCW, waren tief verfeindet; in den neunziger Jahren, in den sogenannten „Monday Night Wars", buhlten beide zur gleichen Sendezeit um die Zuschauer. Diese reale Konfliktsituation des wirtschaftlichen Wettbewerbs wurde insbesondere von der damaligen WWF in fiktionales Entertainment übersetzt. So versuchte eine Gruppe von Wrestlern, in das Gebäude der WCW einzudringen und die Aufmerksamkeit der Fans auf sich zu lenken. „Am 11. Mai 1998 ließ die WWF sie sogar mit einem Militärfahrzeug vor dem CNN One Center in Atlanta, dem Firmensitz der WCW, vorfahren".[9] Obendrein stilisierte sich der Vorsitzende der WWF Vincent K. McMahon zu einem sogenannten „heel", einem Big-Boss-Bösewicht. Er nahm den realen Hass vieler Fans zum Anlass, seine negative Rolle bewusst Teil des Geschäftsmodells werden zu lassen. „Several other gimmicks have become integral parts of McMahon's on-camera persona, such as his throaty exclamation of ‚You're fired!'".[10]

---

[8] Im deutschsprachigen Raum auch als „Catchen" bezeichnet.

[9] Vgl. Wikipedia-Eintrag zum Begriff „D-Generation X".
URL: http://de.wikipedia.org/wiki/D-Generation_X·

[10] Vgl. Wikipedia-Eintrag zu Vincent K. McMahon.
URL: http://en.wikipedia.org/wiki/Vince_McMahon.

Hier verschmelzen Realität und Fiktion und heraus schält sich ein börsennotiertes Unternehmen, das mit dieser Mischform von Sport und Entertainment („Sports Entertainment") im Jahr 2006 einen Umsatz von 400 Mio. Dollar erwirtschaftete. Durch den Mut, zwischen Wahrheit und Fiktion nicht weiter zu unterscheiden und den Konflikt zu suchen, ihn zu steigern und in allen nur erdenklichen Situation zu reinszenieren, wurde die WWE (WWF) mit ihren zahlreichen Akteuren, wie nicht zuletzt Hulk Hogan, zu einer erfolgreichen und starken Marke.

3.4   Zwischenbilanz: Konflikt und Marke

Es gilt also, Konflikte mit den Mitteln der Narration zu verarbeiten und dadurch für die Markenführung nutzbar zu machen. Bisher haben wir den Konflikt auf verschiedenen Ebenen betrachtet – als intrapersoneller, als interpersoneller, und als gesellschaftlicher Konflikt. Interpersonelle Konflikte im Sinne der Markenführung wären also Konflikte, in denen die Marke als Person gegen einen Widersacher antritt. Im Markt sind Marken tatsächlich eigentlich immer in einer kompetativen Situation. Und dieser Konflikt wird bisweilen sogar explizit ausgespielt, beispielsweise durch die Apple-Kampagne „I am a Mac and I am a PC" (ab 2006). Bei der kommunizierten, personalen Konfliktebene muss es aber nicht bleiben, denn adressiert werden ebenso Konflikte, die tiefer liegen bzw. weiter gefasst sind. Auch dies findet bisweilen in der Werbung Verwendung bei dem Verweis auf Mythen oder mythologische Figuren, was deutlich wird bei bestimmten Markennamen (beispielsweise dem VW-Modell „Phaeton") oder bestimmten Konstellationen (beispielsweise die David-gegen-Goliath-Situation bei Greenpeace). Jede gute Geschichte bezieht jedoch alle drei genannten Konfliktebenen mit ein (vgl. McKee 1997, S. 317–318). Der Konflikt als Prinzip ist zwar schon lange in der Werbung angekommen, nicht aber als integraler Bestandteil des Plannings. Vielmehr kommt er mit schöner Regelmäßigkeit erst auf Kreationsebene ins Spiel: Beim Planning geht es um das Festschreiben oder Reduzieren der Botschaft auf eine zentrale Aussage oder gar einen einzelnen Begriff. Erst anschließend, im Kreationsschritt, erfolgt das Aufbrechen der Logik. Hier sind also die Kreativen gefragt, Spannung in die von der Logik glattgebügelte Markenlangeweile zu bringen. Zahlreiche Arbeiten haben bereits untersucht, wie das Prinzip des Konflikts in der Werbung zum Einsatz kommt. So hat Umberto Eco bereits 1972 vermutet, „daß eine Anzeige umso mehr die Aufmerksamkeit des Betrachters erregt, je mehr die erworbenen Kommunikationsnormen verletzt werden" (Groh 2008, S. 15). Es geht also um den Bruch mit Erwartungen. Dieser Bruch kann auf visueller wie auch auf sprachlicher Ebene vollzogen wer-

den (vgl. zu den sprachspielerischen Abweichungen beispielsweise Dittgen 1989).
Häufig verwendete Techniken sind Verfremdung, Unvollständigkeit, Mehrdeutigkeiten, Aversions-Appetenz-Konflikte, Andeutungen, Unklarheiten und Konfusion
(vgl. Groh 2008, S. 48–50). Sogar die Entstehung von Double-binds durch Werbebotschaften wurde bereits untersucht (vgl. Miles 2004). Auch Werner Gaede formuliert in seinem Buch „Das Kreative Prinzip der Abweichung" die Abweichung
als ein grundlegendes Konzept für die Realisation von kreativen Produkten. (vgl.
Gaede 2002). Die Agenturgruppe TBWA arbeitet ebenfalls mit Abweichung und
nennt ihr Konzept „Disruption". Der Ansatz wird in Jean-Marie Drus Buch „Disruption. Overturning Conventions and Shaking Up the Marketplace" beschrieben.
Bei Disruption geht es primär darum, herkömmliche Werbekonventionen zu brechen. Dadurch entstehe kreative Werbung und eine Veränderung der Marktgegebenheiten. „Es geht nicht um blinde Zerstörung, sondern darum, Konventionen zu
brechen. Wenn wir einen neuen Kunden haben, schauen wir uns dessen Markt an
und suchen nach Gemeinsamkeiten der Wettbewerber. Es ist erstaunlich, wie viel
Einheitsbrei Kunden immer wieder als neu verkauft wird. Wir versuchen dagegen
Dinge zu finden, die wir anders machen können als alle anderen. ,Disruption' ist
Kreation" (Kaiser 2007, http://www.welt.de).

Dennoch entfaltet sich der Konflikt eher auf Maßnahmenebene als im Bereich
der strategischen Markenführung oder gar im strategischen Marketing. Liegt dies
vielleicht daran, dass die Kraft des Konflikts in kommunikativen Kontexten besonders zum Ausdruck kommt, also rhetorisch ist? Das Oxymoron beispielsweise
als rhetorische Figur „benennt treffsicher Widersprüchliches. Es hat damit einen
Wesenzug der Kunst, im Kleinen sozusagen, wenn man, wie Thomas Mann, in der
Gestaltung von Gegensätzen ein Kunstkriterium sieht" (Haack o. J., o. S.). Auch
Hagenbüchle beschreibt, wie das Paradox häufig auf seine rein rhetorischen Fähigkeiten reduziert wird. „Was den rhetorischen Ansatz im engeren Sinne angeht, so
zeigt es sich, dass die dem Paradox skeptisch gegenüberstehende aristotelische Tradition das Paradox von Anfang an in die Rhetorik verlegt hat. ... Es stellt vielmehr
ein Mittel dar, das eine blosse Meinung (opinio) ausdrückt, allerdings mit einer besonders intensiven Wirkung auf den Rezipienten (persuaio), wobei die Skala vom
Unerwarteten und Schockierenden bis hin zum Wundersamen und Bewundernswerten (admirabilis) reicht..." (Hagenbüchle 1992, S. 30–31). Als Beispiel nennt
Hagenbüchle die Aussage „nur der Blinde sieht Gott" (Hagenbüchle 1992, S. 31),
die uns stark an Werbeslogans erinnert.

Betrachten wir kurz, wie sich eine Marke auf den Konflikt zwar auf rhetorischer Ebene bezieht, ihn aber weder zum Motor der Strategie macht noch durch
Narration eine Laufrichtung zu geben vermag. Der Oberklassewagen „Phaeton"
von Volkswagen bezieht sich durch seine Namensgebung eindeutig auf eine Fi-

gur der griechischen Mythologie und evoziert damit den gesamten Mythos, die gesamte archetypische Geschichte: Phaeton, Sohn des Sonnengottes Helios, schlägt die Warnungen seines Vaters in den Wind und leiht sich von ihm den Wagen, der die Sonne über den Himmel zieht. Natürlich kann er ihn nicht unter Kontrolle halten und bringt deshalb die Welt an den Rand des Untergangs. Erst Zeus kann den Wagen stoppen, wobei Phaeton allerdings sein Leben lassen muss (vgl. Kerényi 2003, S. 154–155). Nomen est omen, möchte man meinen: Volkswagens Ausflug in die Welt des Luxus scheint ebenso zu scheitern. Die Anzahl der verkauften Wagen bleibt stark hinter den Erwartungen des Konzerns zurück. „[…] die Qualität des Phaeton ist tiptop. Das Problem ist eher, dass Käufer einer Oberklasse-Limousine auch Grandezza, Status und Blingbling erwerben wollen. Der etwas dröge geratene Phaeton versprüht jedoch den Charme eines Sparkassen-Filialleiters. VW-Nestor Ferdinand Piëch wollte für VW unbedingt ein Luxusgefährt – doch es war von vornherein keine gute Idee, Luxus und Volkswagen zu kombinieren. Das ist so, als ob C&A versuchte, 3000-Euro-Anzüge zu verkaufen" (Hillenbrand 2008, http://www.spiegel.de). Anstatt mit diesem Konflikt des Luxus-Volkswagen aktiv nach vorne zu gehen, versucht VW in der Kommunikation genauso zu glänzen wie die Mercedes S-Klasse, der Audi A8 oder der 7er BMW. Dabei deutet der Name doch bereits eine Grenzüberschreitung an. Der VW Phaeton, der in diesem Moment aber nicht differenzieren will, sondern nacheifert, steht unserer Meinung nach als Beispiel für den Umgang mit Konflikten – sozusagen ein Stuck-in-the-middle der Bedeutungen.

Der Konflikt muss von seiner rein rhetorischen Bedeutung befreit und auch für die strategische Planung eingesetzt werden. Die Kraft des Konflikts will langfristig strategisch genutzt sein und sollte nicht allein auf Maßnahmenebene Verwendung finden. Narration erscheint uns dazu – das haben wir in diesem Kapitel nachgewiesen – ein Mittel zu sein, um die Kraft des Konflikts in die erwünschte Richtung zu lenken. Auf eine griffige Formel verkürzt heißt das: *Konflikt ist der Motor, Narration ist die Strategie*. Stephen Brown geht diesen narrativen Weg und entwickelt in seinem Aufsatz „Teaching old Brands new Tricks" ein Konzept für Retro-Marken, das mit unserem Verständnis des Konflikts arbeitet. „Our study thus suggests that Aura (brand essence), Allegory (brand stories), and Arcadia (idealized community) are the character, plot, and setting, respectively, of brand meaning. Antinomy, the final element of our 4As abbreviation, is perhaps most important of all, for brand paradox brings the cultural complexity necessary to animate each of the other dimensions. The brand is both alive and not alive, a thing and a personality, a subject and an object: This is the paradoxical kernel of brand meaning. The story is both truth and fiction, composed of clever persuasions and facts, devised by distant copywriters and real users" (Brown et al. 2003, S. 30). Innerhalb dieses Konzepts bleibt die Antinomie jedoch etwas Vages, etwas, was als Motor der Geschichte eher sublimal, eher in der Tiefe des Diskurses zu finden ist. Am Beispiel vom „New Beetle" und von „Star Wars – the Phentom Menace" beschreiben Brown et al. die Antinomie als ein Kampf der Konsumenten gegen die Produzenten, der letzten Endes nicht auflösbar sei. „[The] Star Wars paradox, in which good and faithful consumers are exploited by the evil, moneygrubbing George Lucas. Morality is also at the core of brand essence, which is the central tension driving the Volkswagen Beetle's brand story of idealism, environmentalism, independence, and nonconformity" (Brown et al. 2003, S. 29). Im Sinne des Retrobrandings seien es auf der einen Seite also immer die aufmüpfigen rebellischen Fans der Marke, die unerbittlich jede Veränderung oder gar Neuerung ablehnen. Auf der anderen Seite stehe das ökonomiegetriebene Marketing, dem die Fans schlichte Profitgier vorwerfen. Da jedoch beide Seiten ohne die jeweils andere nicht existent wäre, sei dieser Konflikt nicht lösbar (vgl. Brown et al. 2003, S. 30–31). Auch Cultural-Branding-Experte Douglas Holt entwirft in seinem Aufsatz „What Becomes an Icon Most?" einen Erklärungsansatz, warum gerade Marken erfolgreich sind, die mit Konflikt arbeiten. Er stellt fest, dass es bei diesen um eine „myth of rebellion" gehe, die den Unternehmen auf den „myth markets" einen Wettbewerbsvorteil verschafften (vgl. Holt 2003). Ähnlich beschreiben die Marketing-Wissenschaftler Albert Muñiz und Hope Jensen Schau in ihrem Artikel „Vigilante Marketing And Consumer-Created Communications", wie Fans der Apple PDA-Variante Newton mit eigens produzierten Kampagnen gegen den Konzern vorgegangen sind, der die Produktion ihres geliebten Produkts 1998 eingestellt und sie damit in ihren Augen im Stich gelassen hatte (vgl. Muñiz und Schau 2007). Auch hier wird der Konflikt zum Motor von sozialer Aktivität. Zwar erkennen alle Autoren die Bedeutung des Konflikts grundsätzlich an, sie wagen sich jedoch nicht so weit vor, den Konflikt explizit für die strategische Markengeschichte nutzbar machen zu wollen. Tusa empfiehlt dem Marketing, von der Kunst zu lernen. „Art is adventurous, marketing safe; art seeks the unexpected, marketing yearns for the predictable; art wants the amazing, marketing the comfortable; art is orgasmic, marketing anal. Yet we need both, and we both want to make money; we both want the biggest audiences. We have no alternative but to live together in a constructive way, learning from and understanding on another" (Tusa 1999, S. 120).

3.5   Transmedia Storytelling – wie sich Geschichten von Medien ablösen

Nachdem die Gebrüder Grimm sich der Sammlung und Verschriftlichung der deutschen Märchen gewidmet hatten, um diese schließlich in Buchform zu publizieren, vollzog sich ein entscheidender Wandel in der Tradierung dieser Geschichten. Durch das Medium der Schrift waren die Märchen inhaltlich und dramaturgisch fixiert worden, langsam wurden sie der mündlichen Tradierung entzogen, ihre Schriftform wurde kanonisch. Damit starb zunächst die Vielfalt und Individualität des persönlichen Weitererzählens bzw. Weitergebens einzelner Märchen. Zugleich aber wurden viele der Märchen zum Allgemeingut einer größeren Gruppe. Schneewittchen oder Rotkäppchen kennt jeder im deutschsprachigen Raum, regionale oder gar familiäre Varianten aber sind ausgestorben. Abends wird nicht mehr frei fabuliert, sondern den Kindern vorgelesen. Der Ort des Erzählens hat sich dabei kaum verändert, wohl aber das Medium. Der Akt des Erzählens beruft sich auf keine mündliche Tradition mehr und gibt diese weiter, er bezieht sich auf die Autorität des geschriebenen Wortes. Ein Medienwechsel fand also statt. Aufgrund dieses Medienwechsels, aufgrund der autoritären Inszenierung der Märcheninhalte, zogen diese weitere Kreise und diffundierten in die entstehende Medienlandschaft aus Radio, Kino und Fernsehen. Walt Disney nahm sich ihrer an, deutete sie um, schmückte sie aus und übernahm die Rolle der Großmütter von einst. Indem die deutschen Märchen von Los Angeles auf die großen Leinwände gebracht wurden, wurden sie weiter erzählt und der Kosmos der Figuren wurde bereichert. Die Geschichte, der Mythos der Geschichte blieb lebendig, vielfältig und komplex.

Jegliches Weitererzählen einer beliebigen Geschichte stellt bereits an sich einen Komplexitätsgewinn dar. Das ist schon im persönlichen Bereich so: Aus einem kleinen Vorfall während des Urlaubs wird schnell ein mächtiges Abenteuer, wenn man nur häufig genug davon berichtet. Dies liegt einerseits an einer durch Wiederholung erfolgenden Dramatisierung der Geschehnisse, die dramatische Qualität und Quantität der Geschichte wird gesteigert, obschon das Ausgangserlebnis das gleiche ist. Die Geschichte kann nun je nach Sprecher, Publikum, Ort und Zeit spannende, komische oder tragische Qualitäten bekommen. Es ist ein Unterschied, ob die Ehefrau davon erzählt, wie ihr Mann den türkischen Leihwagen direkt in das Riesenschlagloch steuerte, oder ob er davon berichtet, wie es ihm gelang, mitten auf offener Straße bei 40 Grad im Schatten den Reifen zu wechseln. Die Geschichte wird sich ebenso verändern, wenn sie unterschiedlichen Personenkreisen erzählt wird. Den Großeltern berichtet man von einer Lappalie, den Freunden von einer Heldentat – wenn es sich um *seine* handelt, *ihre* Freunde erfahren vielmehr von der

Ungeschicklichkeit des Ehemanns, der, obwohl sie laut gewarnt hatte, nicht mehr auswich. Den Kindern ist das Kreischen der Mutter wiederum präsenter als der dumpfe Schlag und die folgende Zwangspause.

Jegliches Erzählen ist an einen Ort und an eine Zeit gebunden, jegliches Sprechen bezieht sich auf ein bestimmtes Publikum. Wenn wir also eine einzige gute Geschichte als Ausgangspunkt nehmen, können wir durch Veränderung des Erzählrahmens unterschiedlichen Zuhörern verschiedene Facetten der gleichen Grundstory zuspielen. Dies setzt natürlich voraus, dass die Geschichte gut genug dafür ist, sprich es ihr nicht an Komplexität mangelt.

Aber zurück zur Welt des Marketings und der Werbung. Ort und Zeit des Erzählens, also der Erzählrahmen, entsprechen dem verwendeten Kanal bzw. dem gebuchten Medium. Die Sprecher bzw. Erzähler können unterschiedlichste Personen sein, vom individuellen Konsumenten bis hin zum Nachrichtensprecher. Die Geschichte, die in all ihren Facetten erzählt wird, diese ist das Universum der Marke selbst.

Welche Medien bieten sich nun an, um die Markengeschichte erfolgreich zu erzählen? *Wo* können *welche* Entry-points – also letztlich Maßnahmen – geschaffen werden, die dem Konsumenten Zugang zum Universum der Marke bieten? Diese als *Transmedia Storytelling* überschriebenen Überlegungen müssen nicht nur deshalb angestellt werden, weil gerade das Social Web in aller Munde ist, weil es gerade so furchtbar angesagt ist, als Marke in sämtlichen Medien stattzufinden, sondern schlicht und einfach auch deshalb, weil es als Marke kaum möglich sein wird, sich als Geschichte monomedial zu entfalten und damit ein ganzes Markenuniversum aufzubauen. Welcher Mensch würde sich schon einen eineinhalbstündigen Kinofilm über eine Marke freiwillig ansehen? Und andersherum gefragt, welche Marke möchte sich die Produktions- und Distributionskosten solcher Spots leisten? Darüber hinaus muss altes Kanaldenkens überwunden werden. Niemand glaubt einer Marke, die ihre Produktvorteile lediglich einkanalig versendet. Keine Geschichte kann noch so versendet werden, wie man es im Sinne des Reiz-Reaktions-Schemas bisher gewohnt war. Menschen wollen nicht nur schauen, sie wollen auch spielen und mitmachen. Diesem veränderten Mediennutzungsverhalten muss Markenkommunikation im Sinne des Narrative Brand Plannings ebenso gerecht werden.

Im Folgenden werden wir uns zunächst dem Ansatz des Transmedia Storytellings widmen. Dieser setzt sich mit der Idee auseinander, dass Geschichten nicht mehr nur an ein Medium gekoppelt sind, sondern über verschiedenste Medien erzählt werden können. Dann stellt sich die Frage, an welchen Stellschrauben gedreht werden kann, damit sich die Geschichte auf spannende Weise entfaltet? Wie kann der Konflikt gesteigert werden, damit sich die Geschichte fortsetzt? Anschließend werden wir darstellen, wo und wie Geschichten transmedial inszeniert werden können und welchen medienspezifischen Ansprüchen man dabei gerecht werden muss.

3.5.1 Transmedia Storytelling

Wie sieht Storytelling in der heutigen Zeit einer immer stärker fragmentierten Medienlandschaft aus? Wie lassen sich Geschichten jenseits einer einkanaligen Stimulus-Response-Vorstellung klassischer Medien erzählen? Was bedeutet es, eine Geschichte in unterschiedlichsten Medien stattfinden zu lassen? Wie kann Content nicht nur crossmedial recycelt, sondern transmedial inszeniert werden? Diese Fragen versucht der Transmedia-Storytelling-Ansatz aufzugreifen.

Ein transmediales Projekt bemüht sich, eine Geschichte über verschiedenste Plattformen zu erzählen. Diese Plattformen können von Film, TV, Bücher, Zeitschriften, Anzeigen, über PR, Merchandising usw. bis hin zu Internet und Social Media reichen, also YouTube-Channels, Webisodes, Microsites, Instagram, Facebook, Blogs etc umfassen. Die jeweilige Plattform wird als *Entry-point* in die Geschichte bezeichnet. Einzelne Entry-points können für sich schon bestimmte narrative Qualitäten besitzen und spielen zusätzlich eine Rolle in einer großen Geschichte.

Bereits im Jahre 2003 hat sich Henry Jenkins, Medienwissenschaftler am Massachusetts Institute of Technology (MIT), die Frage gestellt, wie fiktionale Charaktere den Transfer vom Buch über den Film hin zum Videospiel vertragen (vgl. Jenkins 2003, http://www.technologyreview.com). An der zurzeit vorherrschenden Pragmatik der Entertainment-Industrie kritisiert Jenkins, dass sie mehr nach einer Art Lizenzsystem arbeite, bei dem es nur darum gehe, Werke in neue Medien zu konvertieren, wobei letztlich nur Redundanz und Inkonsistenz entstünde: „In reality, audiences want the new work to offer new insights into the characters and new experiences of the fictional world" (Jenkins 2003, http://www.technologyreview. com). Insbesondere die Ansprüche jüngerer Mediennutzer hätten sich gewandelt, so Jenkins: „Young consumers have become information hunters and gatherers, taking pleasure in tracking down character backgrounds and plot points and making connections between different texts within the same franchise" (Jenkins 2003, http://www.technologyreview.com). Problematisch an den Ansätzen des transmedialen Geschichtenerzählens sei laut Jenkins, dass die Kerngeschichte für Fans sukzessive langweiliger würde, je mehr Redundanz durch deren Erzählung in den einzelnen Medien entsteht. Andererseits muss aber jedes Medium eine gewisse Grundmenge an Informationen über die Kerngeschichte zur Verfügung stellen, da man nicht davon ausgehen kann, dass Rezipienten einem planbaren transmedialen Pfad folgen und sich ähnlich einem Staffellauf von Medium zu Medium bewegen. Die unbestimmbare Konsumtionsreihenfolge der Entry-points erfordert also eine entsprechende Informationsarchitektur jeder einzelnen Maßnahme. „In the ideal form of transmedia storytelling, each medium does what it does best – so that a story might be introduced in a film, expanded through television, novels, and comics, and its world might be explored and experienced through game play. Each franchise entry needs to be self-contained enough to enable autonomous consumption. That is, you don't need to have seen the film to enjoy the game and vice-versa" (Jenkins 2003, http://www.technologyreview.com).

Der ökonomische Vorteil des Transmedia Storytellings liegt für Jenkins nicht nur darin, dem Konsumenten verschiedenste Entry-points zu bieten, sondern auch – darin McLuhans „The Medium is the Message" folgend – in einer Verbreiterung des Publikums durch die Nutzung unterschiedlichster Medien. „Different media attracts different market niches. Films and television probably have the most diverse audiences; comics and games the narrowest. A good transmedia franchise works to attract multiple constituencies by pitching the content somewhat differently in the different media. If there is, however, enough to sustain those different constituencies – and if each work offers fresh experiences – then you can count on a crossover market that will expand the potential gross" (Jenkins 2008, S. 98). Transmedia Storytelling ist aber kein gänzlich neues Phänomen. Jenkins betont selbst, dass die Qualität der Geschichte ausschlaggebend für ihre erfolgreiche transmediale Inszenierung ist. „For most of human history, it would be taken for granted that a great story would take many different forms, enshrined in stain glass windows or tapestries, told through printed words or sung by bards and poets, or enacted by travelling performers" (Jenkins 2003, http://www.technologyreview.com). Er geht aber nicht soweit, zu untersuchen, was die inhaltlichen Erfolgsfaktoren von Geschichten sind.

Die Veränderung der Medienlandschaft als Herausforderung für die Entertainment-Industrie betrifft auch das Marketing. Mit dem Begriff „affective economics" bezeichnet Jenkins die Transformation klassischer Marken zu „lovemarks" (vgl. Jenkins 2008, S. 20 und 61–62) und stellt damit den emotionalen Beziehungsaspekt zwischen Konsumenten und Marke ab. Aus Sicht der Marketing-Theorie sicherlich nichts Neues, haben doch Susan Fournier und weitere Autoren diese Zusammenhänge bereits hinlänglich beschrieben (vgl. Fournier 1998). Jenkins betont jedoch die zunehmende Ähnlichkeit zwischen Markenkommunikation und Entertainment. „Lovemarks […] blur the line between entertainment content and brand messages" (Jenkins 2008, S. 20). Diese Entwicklung sei auch durch zunehmende Kooperationen zwischen Produktherstellern und Entertainment-Industrie zu erkennen, die über bloßes Product-Placement hinausgingen – „collaboration between content providers and sponsors to shape the total entertainment package" (Jenkins 2008, S. 68).

Transmedia Storytelling ist also laut Jenkins längst im Marketing angekommen, denn das Marketing hat erkannt, welche Stärke die Entertainment-Industrie im Bereich Content hat. Offen aber bleibt die Frage, wie sich Marken transmedial inszenieren lassen. Wie kann man die Erzählung lenken und in den verschiedenen Medien spannend lancieren? Worauf kommt es an? Schauen wir uns diesbezüglich zunächst ein gelungenes Beispiel transmedialer Inszenierung aus dem Bereich Entertainment-Bereich an: die Matrix-Trilogie.

3.5.1.1   Snippet: Transmedia Storytelling am Beispiel „Matrix"

Die Matrix-Trilogie gilt als einer der größten gelungenen Versuche auf dem Feld des Transmedia Storytellings. In seinem Buch „Convergence Culture" beschreibt Henry Jenkins das Matrix-Phänomen als einen Meilenstein transmedialen Erzählens ausführlich (vgl. Jenkins 2008, S. 95–134). Mit der Trilogie haben die Regisseure Laurence und Andrew Wachowski mehr als nur drei Filme geschaffen. Sie haben eine ganze Welt kreiert – eine Welt mit eigenen Gesetzen und eigenen Charakteren und vor allem mit einer riesigen Fan-Community. Den drei Filmen gesellen sich zwei Computerspiele sowie eine ganze Reihe an Animationsfilmen hinzu, die von berühmten japanischen Animationskünstlern erstellt wurden. Innerhalb dieser Welt, die sich über die verschiedenen Medien spannt, erwarten den Zuschauer nicht nur eine bzw. mehrere spannende Geschichten, eine eigene Ästhetik, die durch Effektinnovationen geprägt ist, sondern auch eine Unmenge von kleinen Geheimnissen, mythischer Symbolik sowie zahlreichen Querverweisen auf verschiedene wiederkehrende Elemente des Films. „The deeper you drill down, the more secrets emerge, all of which can seem at any moment to be the key to the film. For example, Neo's apartment number is 101, which is the room number of the torture chamber of George Orwell's „1984" (1949). […] The sheer abundance of allusions makes it nearly impossible for any given consumer to master the franchise totally" (Jenkins 2008, S. 101). Noch interessanter sind jedoch die zahlreichen Handlungsstränge. Animationsfilme greifen beispielsweise Situationen auf, deren Handlungen zeitlich weit vor der Handlung der Filme angesiedelt sind. In Computerspielen lassen sich Handlungsstränge weiterspielen, die in den Filmen offen gelassen werden. „The Wachowski brothers built a playground where other artists could experiment and fans could explore […] – from the photorealistic computer animation of Final Flight of the Osiris to the blocky graphics of the first Matrix Web game" (Jenkins 2008, S. 115).

Betrachtet man diese riesige Matrix-Welt, stellt sich natürlich die Frage, wie ein solches Projekt überhaupt geplant und umgesetzt werden kann. In den folgenden Abschnitten werden wir uns dieser Frage widmen und überlegen, wie Content als Geschichte aufbereitet werden muss, damit er transmedial inszeniert werden kann.

3.5.2 Dramatische Momente

Wenn ein guter Witz schlecht erzählt wird, dann lacht erstens niemand, zweitens wird sich ihn keiner merken und drittens auch nicht weitererzählen. Mit Geschichten verhält es sich ähnlich. Jede Geschichte braucht dramatische Momente, spannungsreiche Wendungen. Einerseits bedarf es eines definierten Rahmens, eines groben Plots, der die großen Erzählstränge beschreibt. Andererseits braucht es deren dramatische Ausgestaltung. Dieser inhaltliche Dramatisierungsvorgang kann und muss an verschiedenen Punkten stattfinden, damit die Geschichte erzählbar wird und Komplexität aufgebaut werden kann. So muss der Konflikt gesteigert und die Handlung ausgeschmückt werden. Ebenso können Charaktere weiter ausgearbeitet werden und gegebenenfalls weitere Charaktere hinzukommen.

Der amerikanische Narratologe, Film- und Literaturkritiker Seymour Chatman unterscheidet Ereignisse, welche die Handlung von Geschichten vorantreiben (*Kernels*) und solche, die die Handlung eher ausschmücken (*Satellites*). Kernels sind wichtige Ereignisse, die den Verlauf der Geschichte bestimmen, Momente wichtiger Entscheidungen, Weggabelungen oder Auseinandersetzungen, die nicht aus der Geschichte herausgelassen werden können, ohne die gesamte Geschichte zu verändern. Satellites hingegen sind weniger wichtig für die Handlung, bilden aber sozusagen das Fleisch um das Skelett, sind also eher ästhetischer Natur (vgl. Chatman 2000, S. 53–54). Beide Begriffe werden wir für die folgenden Betrachtungen übernehmen.

3.5.2.1 Dramatisierung des Konflikts

Kernels als dramatische Momente treiben die Handlung der Geschichte voran. Da der Konflikt ein wesentliches Element jeder Geschichte darstellt, bedeutet dies, dass sich Kernels in irgendeiner Art und Weise um den Konflikt drehen müssen. Wie bereits erwähnt, kann ein Konflikt verschiedenste Steigerungen erfahren, unter deren dramatisch-zuspitzenden Einfluss sich der wahre Charakter des Helden unter Beweis stellen bzw. offenbaren kann. „Je dunkler die Welt, desto strahlender der Held", besagt schon eine alte Geschichtenerzählerweisheit. Auch McKee empfiehlt, sich der „negative side of the story" zu widmen, also genau dem, was die Marketingtreibenden doch lieber unter den Teppich kehren (vgl. McKee 1997, S. 317–323). Es kann sich der Konflikt eines Helden beispielsweise mit der Gesellschaft noch ausweiten auf einen Konflikt mit einer weiteren Person und sogar mit sich selbst. Diese Kombination antagonaler Kräfte treibt den Held zum Äußersten. „Although conflict from one aspect of his life may seem solvable, the totally of all levels should seem overwhelming as he begins the quest" (McKee 1997, S. 318). Im Beispiel des Filmklassikers „Casablanca" sei dies der Fall, so McKee: „Rick living in fascist tyranny, suffering self-hatred and self-deception, then works to a positive climax for all three values" (McKee 1997, S. 333). Eine Geschichte müsse den Protagonisten durch drei konfliktäre Situationen bringen, wenn sie ihre volle Kraft entfalten wolle. „A story that progresses to the limit of human experience in depth and breadth of conflict must move through a pattern that includes the Contrary, the Contradictory, and the Negation of the Negation" (McKee 1997, S. 320). Beispielsweise sei auf der Suche nach Gerechtigkeit, die Station „Contrary" die Begegnung mit Unfairness, zum Beispiel durch Bürokratie, Rassismus etc. Auf der nächsten Station – „Contradictory" – auf der Suche nach Gerechtigkeit treffe der Held auf Ungerechtigkeit. Beispielsweise sei ein Verbrechen ohne Ahndung begangen worden. Auf der dritten Station treffe der Held auf die „Negation of Negation", also auf Tyrannei. Hier würden sämtliche Hebel, die der Held im Rechtssystem noch hatte, außer Kraft gesetzt.

Diese Stationen können am besten anhand eines Filmbeispiels illustriert werden. Laut McKee durchlaufe der Protagonist des Films Missing (1982, dt. „Vermißt") genau diese Stufen (vgl. McKee 1997, S. 321). In dem Film ist der Protagonist, ein US-Bürger, in Chile auf der Suche nach seinem Sohn, der dort während des Putsches verschwunden ist. Hier trifft der Held auf Unfairness: ein US-Botschafter erzählt dem Vater lediglich Halbwahrheiten, um ihn von der weiteren Suche abzubringen. Im nächsten Schritt wird dem Helden klar, dass die Junta seinen Sohn mit Hilfe der CIA ermordet hat. Er durchlaufe laut McKee also hier die Station Ungerechtigkeit (Contradictory). Schlussendlich möchte der Vater das Verbrechen, das seinem Sohn angetan wurde, vor ein US-Gericht bringen, hat aber keinen Erfolg. Hier durchlaufe der Protagonist die letzte Stufe der Negation of Negation, also der Ungerechtigkeit, die sich in Willkür und Tyrannei steigert. Der Konflikt sollte also im Laufe einer Geschichte eine Steigerung erfahren. Jene Momente, in denen sich der Konflikt steigert, nennen wir *dramatische Momente*. Diese gesteigerten Konflikte erinnern stark an die oben beschriebenen paradoxen Handlungsaufforderungen und die entsprechend auftretenden Double-bind-Situationen. Es sind diese Momente, die Spannung in die Geschichte bringen.

3.5.2.2 World-making

Für eine erfolgreiche mediale Inszenierung einer Geschichte braucht es aber neben den besagten dramatischen Momenten und der daraus resultierenden Steigerung bzw. Zuspitzung des Grundkonflikts noch mehr. Wie bereits beschrieben, schmücken nach Chatman sogenannte „Satellites" die Geschichte aus. Ohne diese Ausschmückungen bliebe von der Geschichte lediglich ein Skelett übrig, das weder lesens- noch erzählenswert wäre. Treibt man die Ausgestaltung via Satellites weit voran, möchten wir von *World-making* sprechen.

Beim Beispiel Matrix ist es die offene Komposition der Filmreihe, durch welche die Wachowski-Brüder den Playground für Künstler und Fans schaffen, welche durch Co-Creation das Universum weiter und weiter ausbauen. Für die Filmtheoretikerin Kristine Thompson liegt Filmen eine offene Komposition dann zugrunde, wenn nicht jedem Element des Films eine klare und unmissverständliche Bedeutung zugewiesen ist. „A film that leaves dangling causes and does not provide a complete solution to the enigma has an ‚open‘ narrative" (Thompson 1988, S. 40, vgl. zu offenen und geschlossenen Kompositionen von Filmen auch Wuss 1986, S. 32–33). Beim World-making muss es also darum gehen, durch eine eher offene Komposition eine gewisse Unschärfe aufzubauen, sprich Elemente zu streuen, denen sich Interessierte annehmen und neue Bedeutung zuweisen können. Diese Überlegungen sind auch für das Marketing nicht neu, verspricht doch die Unschärfe ganz neue Möglichkeiten der Bedeutungsgenese (vgl. Liebl 2006b).

Darüber hinaus kann mit Satellite-Ereignissen eine bestimmte Ästhetik geschaffen werden, die einen Wiedererkennungswert und somit einen leichteren Wiedereintritt in die Geschichte schafft. Als Beispiel bietet sich die Zomtec-Kampagne der Wurstsnack-Marke Bifi an, welche von der Londoner Agentur Bartle Bogle Hegarty im Jahr 2000 ins Leben gerufen wurde. Die Kampagne kreiert eine Welt mit einer eigenen Ästhetik, in der fünf junge Männer am Fließband der fiktiven Zomtec-Fabrik arbeiten und in den einzelnen Spot politisch vollkommen unkorrekt interagieren. Für Jenkins geht es insgesamt beim heutigen Storytelling eigentlich nur noch um das Kreieren einer ganzen Welt (vgl. Jenkins 2008, S. 115–127). „More and more, storytelling has become the art of world building, as artists create compelling environments that cannot be fully explored or exhausted within a single work or even a single medium" (Jenkins 2008, S. 116).

Sicherlich ist es während der Konzeption der Geschichte und ihrer Inszenierung nicht immer klar, ob es sich bei diesem oder jenem Erzählelement nun um einen Kernel oder einen Satellite handelt. Und es ist eigentlich auch gar nicht so wichtig, diese Punkte trennscharf auseinanderzuhalten. Wichtig ist, dass die Geschichte über beide Typen von Ereignissen entsteht und so spannend werden kann.

3.5.3 Anforderungen an einen transmedialen Plot

Ob es sich nun um Satellites oder Kernels handelt – die dramatischen Momente einer Narration haben trotz Transmedialität eine Zeitachse. Es existiert ein mehr oder weniger ausgestalteter Plan, *welche* dramatischen Momente *wann* und *wo* stattfinden. Da uns interessiert, wie ein transmedialer Plot funktioniert, müssen wir zunächst bedenken, welche Spezifika das Transmedia Storytelling mit sich bringt. Welche besonderen Anforderungen stellt die Transmedialität an die Erzähl-struktur der Geschichten? Wie muss ein Transmedia Plot beschaffen sein? Dazu müssen wir uns auch fragen, welche Rolle die Dimension „Zeit" für die Geschichte spielt? Wie kann über die zeitliche Dimension Spannung erzeugt oder verstärkt werden? In diesem Zusammenhang wollen wir im nächsten Abschnitt einen Blick auf die Möglichkeiten und Grenzen seriellen Erzählens werfen.

Rufen wir uns noch einmal das im letzten Abschnitt beschriebene Beispiel des Films „Vermißt" in Erinnerung. Wenn wir die Kerngeschichte auf ihre dramati-schen Momente reduzieren, dann stoßen wir auf folgende Konstruktion:

1. Der Protagonist erfährt vom Verschwinden seines Sohnes in Chile.
2. Der Protagonist reist nach Chile.
3. In der US-Botschaft erfährt der Protagonist nur Halbwahrheiten.
4. Der Protagonist erfährt, dass die Junta seinen Sohn ermordet hat
5. usw.

Jetzt gilt es zu überlegen, wie diese Momente seriell inszeniert werden können. Wollen wir beispielsweise den ersten dramatischen Moment auf einer Website um-setzen, stellt sich die Frage, in welche Kontextinformationen bzw. in welche Kon-textstory der dramatische Moment verpackt werden muss? Das heißt, wie viele Elemente der gesamten Geschichte müssen um den einen dramatischen Moment herum erzählt werden? Wie viel Redundanz muss zum Verständnis aufgebaut wer-den? Wie viel Redundanz verträgt der bereits involvierte Rezipient, ohne sich ge-langweilt abzuwenden?

Diese Fragen erinnern stark an die Probleme, vor denen auch Fernsehserien mit fortlaufender Handlung stehen. In einem Interview, das Henry Jenkins mit Pat Harrigan und Noah Wardrip-Fruin, Herausgeber des Buchs „Third Person: Aut-horing and Exploring Vast Narratives" (vgl. Harrigan und Wardrip-Fruin 2009), führt, äußern die Computerspiel-Narrationsexperten etwas Ähnliches. Auch sie schauen über den Tellerrand der Computerspielnarration hinaus und bezeichnen Transmedia Storytelling als „Vast Narratives", die losgelöst sind von den jeweiligen Medien. „We're certainly not the first people to note [these problems]. For exam-ple, it's been suggested […] that digital media creators often fret about a problem well known to soap opera authors: What to do with an audience who may miss unpredictable parts of the experience? Obviously the problem isn't exactly the same, because one case is organized around time (audiences may miss episodes or portions of episodes) and the other is organized by more varied interaction (e.g., selective navigation around a larger space). But there is a common authorial move that can be made in both instances: Finding ways to present any major narrative information in different ways in multiple contexts, so that the result isn't boring for those who see things encyclopedically and doesn't make those with less complete experiences feel they've lost the thread" (Jenkins 2009, o. S.). Soaps treten diesem Problem durch ein sehr langsames Erzähltempo entgegen.

Hilfreich in diesem Zusammenhang ist die Unterscheidung zwischen *„Series"*, *„Serial"* und – wie es die Autoren Andrew Rollings und Ernest Adams in ihrem Buch „On Game Design" nennen – *„Episodic Delivery"*. Bei der „Series" erzählen eine bestimmte Anzahl von Episoden jeweils kleine abgeschlossene Geschichten (Monster-of-the-week). Zudem gebe es eine große, alle Episoden überspannende Geschichte, die durch die einzelnen Episoden miterzählt wird. (Bei der US-Serie „Akte-X" beispielsweise existiert ein folgenübergreifender roter Faden, der eine Verschwörung zwischen mächtigen Politikern und Außerirdischen thematisiert.) Die Geschichte in der „Serial" dagegen ist, zumindest theoretisch, auf unendliche Fortführbarkeit ausgelegt. Verschiedenste Handlungsstränge spannen sich über eine oder sogar mehrere Staffeln. Als Übergang zwischen den einzelnen Folgen kommt häufig ein Cliffhanger zum Einsatz, der sich bemüht, die Spannung bis zur nächsten Folge zu verstärken. Als Beispiel stehen hier Soap Operas, Telenovelas etc. Die „Episodic Delivery" sei eine Mischung aus „Series" und „Serial". Die Spannung bei diesem Format entstehe eher aus der übergreifenden großen Geschichte als aus den kleineren Handlungssträngen. Entsprechend werden seltener Cliffhanger verwendet als in der „Serial" (vgl. Rollings und Adams 2003, S. 115–118).

Die Form der „Episodic Delivery" ist daher jene, die sich für die epische Markenführung und –erzählung konzeptualisieren lässt. Die „Serial" hingegen entspricht mehr dem oben bereits beschriebenen Staffelstabprinzip, welches schwieriger zu handhaben ist. Ein Beispiel für eine erfolgreiche Serial stellt Joseph Jaffe in einer Mitsubishi Case-Study vor – ein während des Super Bowls 2004 geschalteter Mitsubishi-Spot, in dem ein Toyota gegen einen Mitsubishi in einer Art Parcours antritt. Beide Autos verfolgen nebeneinander fahrend jeweils einen Truck, aus dem Gegenstände auf die Fahrbahn geschleudert werden, denen ausgewichen werden muss. In einem besonders spannenden Moment (Cliffhanger) erscheint die URL seeWhatHappens.com zu sehen, die den Rezipienten auffordert, die Handlung im Internet weiterzuverfolgen. Und tatsächlich konnte die Website in den ersten sechs Stunden elf Millionen Hits verzeichnen (vgl. Jaffe 2004, http://www.imediaconnection.com). Aber trotz des Erfolgs dieses Serial-Spots favorisieren wir die Episodic-Delivery-Form. Denn es kommt bei diesen Serial-Spots extrem auf die Qualität des Cliffhangers an. Nur wenn dieser ebenso spannend wie stimmig ist, wird die Geschichte auch verstanden bzw. weiterverfolgt: Es muss viel Spannung, Neugier und Erregung aufgebaut werden, sodass Menschen den Medienwechsel freiwillig und sofort vollziehen. Solch ein Kraftakt kann wohl nur in ähnlichen Konstellationen vollzogen werden, wie sie aus Super Bowl und einem aufwendig produzierten Dreißigsekünder entstehen können. Es gilt aber, Spannung nicht nur aus den Effekten der Umsetzung einzelner dramatischer Momente zu erzielen, sondern sie mehr aus der großen, umfassenderen Markengeschichte heraus aufzubauen. Im Englischen wird der Spannungsbegriff grundsätzlich durch zwei Begriffe unterschieden: *„Tension"* und *„Suspense"*. Patricia Highsmith, Autorin des Buchs „Der talentierte Mister Ripley" beschreibt in ihrem Werk „Suspense oder Wie man einen Thriller schreibt" beide Begriffe ausführlich. „Tension" entstehe eher durch akute Situationen (also auch durch Cliffhanger), habe aber weniger mit der Spannung zu tun, die sich durch die Geschichte selbst ergibt. So geht es also eher um Action, also das Meistern der dramatischen Momente. Dagegen entstehe durch „Suspense" ein größerer Spannungsbogen, der ohne zusätzliche Informationen aus der Geschichte kaum vermittelbar sei (vgl. Highsmith 1985). Tension ist also situationsabhängig und zielt auf die Lösung einer konkreten Situation, der Überwindung einzelner dramatischer Momente, Suspense betrifft den Fortgang der Geschichte bzw. die sukzessive Überwindung von deren Grundkonflikt. Aus diesen Überlegungen wird klar: für den Einstieg braucht es kurzfristig Tension, für die Langfristigkeit Suspense.

Kehren wir noch mal zurück zu unserem Filmbeispiel „Vermißt". Für die erfolgreiche Inszenierung von Spannungsmomenten braucht es also zum einen Tension und zum anderen Suspense. Die Geschichte muss also nicht nur auf Dauer durch Konflikt Spannung (Suspense) aufbauen, sondern in den dramatischen Momenten ebenso kurzfristig spannend sein (also Tension haben). Auch müssen dramatische Momente im Sinne des Konzepts von Kernels und Satellites zum einen jene ausschmückende Funktion besitzen, die zum einen Wiedererkennungswert und zum anderen Abgrenzung zu anderen Geschichten bzw. Formaten schafft. Nicht jedes Element braucht dazu eine vorher eindeutig festgelegte Bedeutung. Vielmehr dient eine gewisse Unschärfe dazu, neue als „food for thoughts" zu gänzlich neuen Bedeutungen zu gelangen. Denn Unschärfe fördert die Fantasietätigkeit der Rezipienten, sie regt zum aktiven Teilnehmen an.

3.5.4 Maßnahmen in transmedialen Kontexten als Entry-points

Welche transmedialen Kontexte eignen sich nun zum transmedialen Erzählen? Gibt es qualitative Unterschiede? Nach welchen Kriterien kann man Kontexte letztlich auswählen? Diesen Fragen möchten wir uns im nächsten Abschnitt nähern. Alle

Maßnahmen, in welchen Kontexten auch immer, sind lediglich Entry-points, die dem Rezipienten die Möglichkeit bieten, in die „große Markengeschichte" einzusteigen, also Teil der Geschichte zu werden; sei es durch Zuschauen, Partizipation oder Spiel. Diese Modalitäten der Teilhabe (*Presentation, Participation, Play*) nennen wir kurz *PPP*. Über sie können wir zum einen langfristig Suspense aufbauen, zum anderen kurzfristig spannende Effekte, also Tension erzielen. Im übernächsten Abschnitt werden wir diese als medienspezifische Qualitäten von möglichen Kommunikationsmaßnahmen näher beschreiben.

3.5.4.1 Qualität der Kontexte: to seed or not to seed?

Die Diffusion von Informationen in Netzwerken vergleicht Malcom Gladwell mit dem Ausbruch von Epidemien und nennt den Übergang, bei dem ein Phänomen die Schwelle der Massen überschreitet, *Tipping Point* (vgl. Gladwell 2000). Auch Emanuel Rosen empfiehlt für die erfolgreiche Stimulation von Word-of-mouth eine Informationspolitik, die gezielt Informationen streut oder auch zurückhält (vgl. Rosen 2002, S. 169–188). Bereits seit den fünfziger Jahren beschäftigt sich die Diffusionsforschung mit dem Thema, wie sich Nachrichten verbreiten, und betont die Kraft des Word-of-mouth (vgl. beispielsweise Katz und Lazarsfeld 1955; vgl. Lazarsfeld et al. 1969; vgl. Mancuso 1969). Diese Konzepte lassen sich wunderbar auf erfolgreiche Seeding-Kampagnen übertragen, taugen aber nur bedingt für die tatsächliche Planung. Unserer Meinung nach sind diese Seeding-Strategien eher emergente Strategien, die sich durch bestimmte Umweltfaktoren ergeben haben, als tatsächlich intendiert. Zum anderen möchten wir uns von der von Gladwell verwendeten Virus-Metapher distanzieren, da es bei der Diffusion nicht um krankhafte Ansteckung geht, sondern um Menschen, die freiwillig mitmachen, mitgestalten, mitreden.

Sobald es darum geht, konkret Kontexte für die Inszenierung einzelner dramatischer Momente der Geschichte auszuwählen, lässt sich schlecht eine allgemeine Regel formulieren. Geeignete Kontexte lassen sich vielmehr aufgrund der Qualität der jeweiligen dramatischen Momente bestimmen. Umgekehrt bestimmen wiederum die Kontexte die Qualität der dramatischen Momente. Wir möchten in diesem Zusammenhang in Anlehnung an Michael E. Porters „Strategic Fit" (vgl. Porter 1996) von einem *Context-Content-Fit* sprechen, also eine Kombination aus Content und Context, die sich idealerweise gegenseitig verstärken und der Geschichte einen Mehrwert an Bedeutung gibt. Die Auswahl von Kontexten für dramatische Momente ist also letztlich ein kreativer Akt und damit nicht vollständig planbar bzw. kontrollierbar.

3.5.4.2   Qualität der Maßnahmen: Presentation – Participation – Play

Der Mehrwert, der durch einen Content-Context-Fit geschaffen wird, bestimmt letztlich auch die Qualität der Maßnahmen. Dabei beeinflusst der Kontext mit seinen medial-spezifischen Eigenschaften auch den Content. Jedes Medium hat seine Charakteristika, die durch bestimmte Erwartungshaltungen der Rezipienten geprägt sind. Lesen wir ein Buch, rechnen wir mit viel Text. Gehen wir ins Kino, möchten wir passiv in die Geschichte eingesogen werden. Surfen wir im Internet, möchten wir kurze Texte lesen, über einige kleine Videos lachen und vielleicht den ein oder anderen Status posten oder Blogeintrag vornehmen. Jedes Medium hat also unterschiedlichste Rezeptionsmodalitäten. Im Zusammenhang mit dem Transmedia Storytelling hat Computerspiele-Autor Stephen Dinehart den Begriff „Viewer/ User/Player" (VUP) verwendet, um die differenten Erwartungen eines Spielers an das Medium herauszustellen. „Just like as a designer of artificial intelligence crafts systems to give a viewer/user/player (VUP) the perception of intelligence in virtual beings. So to a narrative designer, working in a interactive medium, seeks to craft systems which deliver narremes to a VUP in such a fashion that the VUP may craft a story cognitively based on their navigation within said system. When narrative design is successful the VUP believes that they are experiencing a story within a navigated dataspace, or played videogame" (Dinehart 2009, http://www.narrative-design.org). Diese mehr aus der Computerspiel-Theorie entlehnte Betrachtungs-weise erweist sich auch im Hinblick auf das Transmedia Storytelling im Kontext der Markenführung für sinnvoll. Das Konzept VUP beschreibt die grundsätzlichen Möglichkeiten, wie einem Rezipienten in verschiedenen Situationen auf den ver-schiedenen Plattformen begegnet werden kann. Entsprechend müssen dem *Viewer*, also dem Rezipienten als Zuschauer, Qualitäten geboten werden, die sich eher aus passivem Erleben speisen. Die *User*-Komponente beschreibt dagegen die aktive Partizipation, also eher das Benutzen von Medien, mit dem mehr oder weniger bewussten Effekt, eine persönliche Spur zu hinterlassen. Die Qualität *Play* hingegen zeichnet sich aus durch eine (scheinbar) ungerichtete Beschäftigung des Spielens. Allerdings möchten wir die Abkürzung VUP, welche die Eigenschaften eines Rezi-pienten beschreibt, umformulieren in ein Konzept, das eher die Modi des Kommu-nikats selbst bezeichnet – Presentation-Participation-Play (PPP), da uns der Um-gang insbesondere mit dem Begriff „User" für unsere Zwecke schwierig erscheint.

Nehmen wir ein Beispiel: Das Thema Fußball kann je nach Medium mit ganz unterschiedlichen Qualitäten erlebt werden. Im Stadion oder am Fernseher wird Fußball eher aus dem Präsentationsmodus heraus rezipiert. Es geht um das Zu-schauen, das Mitfiebern, aber natürlich auch um das Dabeisein, einen Teil zum großen Jubel beizusteuern. Es gibt also eine Partizipations-Komponente – das partizipative Moment kann durchaus auch vor dem Fernseher subjektiv eine Rolle spielen. Steht der Mensch jedoch selbst auf dem Fußballplatz, ist es neben der Partizipation an einem Mannschaftssport eher die Play-Komponente, die im Vordergrund steht. Engagiert sich der Fußball-Fan hingegen in einem Fanclub, ist das Partizipationsmoment besonders stark, denn der Fan investiert Arbeit, Zeit, vielleicht sogar Geld in ein Projekt mit dem Gefühl, zu einer großen, ihm übergeordneten Sache persönlich etwas beizutragen.

Diese PPP-Qualitäten müssen bei der Maßnahmenplanung und Maßnahmenumsetzung unbedingt beachtet werden, um eine Maßnahme nicht einfach nur schlicht durch die einzelnen Plattformen zu drücken, sondern um die Stärken und Schwächen der jeweiligen Medien für die Konzeption der Maßnahmen zu nutzen. Erst dann lässt sich entscheiden, welche Maßnahmen eher Kernel- oder Satellitefunktion haben. Erst dann lässt sich erfolgreich Suspense sowie Tension aufbauen.

A. Presentation – zwischen Sofa und Tribüne

Medien, deren Stärke in der Präsentation liegen, eignen sich besonders für die Exposition der Geschichte im Transmedia Storytelling. Sie vermitteln die Regeln der Welt, in der die Geschichte spielt. Sie stellen die Charaktere vor, zeigen das Thema, erzählen, worum es im Großen und Ganzen geht. Das Kino ist das Präsentationsmedium schlechthin. Im abgedunkelten Saal verliert sich der Zuschauer und kann die präsentierte Geschichte konzentriert konsumieren. Aber auch das Fernsehen hat hohe Qualitäten für die Präsentation, obwohl natürlich seit langer Zeit auch Partizipationselemente eingesetzt werden (von TED zum Teleshopping). Das Buch hingegen hat andere Qualitäten als Kino und Fernsehen. In der Star-Wars-Buchreihe beispielsweise können sich Geschichten in stärker expandierten Zeiträumen abspielen, als es im Film möglich gewesen wäre (vgl. Jenkins 2008, S. 108). Jede Maßnahme braucht eine bestimmte Menge von Präsentationsmomenten, da sie sonst für den Rezipienten nicht verständlich wäre.

B. Participation – zwischen Buzz und Fan Fiction

Maßnahmen als Entry-points sind nicht nur Möglichkeiten, in die Geschichte einzusteigen, sondern sind ebenso die Chance für den Rezipienten, selbst aktiv teilzunehmen, selbst Teil der Geschichte zu werden, die Geschichte selbst weiterzuschreiben. Menschen benötigen Geschichten nicht nur als Instrument, mittels dem sie für sich subjektiv Sinn erzeugen. Sie verwenden Geschichten darüberhinaus für die eigene Identitätskonstruktion. Deshalb darf auch das Transmedia Storytelling nicht als Konzept verstanden werden, welches impliziert, dass nur einer erzählt und alle anderen zuhören. Es geht nicht um Erzähler auf der einen und Zuschauer bzw. Zuhörer auf der anderen Seite. Stattdessen tritt der Konsument selbst ins Rampenlicht, wird Teil der Marke und glänzt mit ihr als Held seiner eigenen Geschichte. Bedeutungen können in diesem Kontext nicht erzeugt, wohl aber angeboten werden. Was letztlich tatsächlich die Marke ist, hängt davon ab, ob und wie die Menschen die Entry-points in die Geschichte als Kommunikationsanlässe nutzen, wie sie die Geschichte um- und weiterschreiben, wie sie an der Marke partizipieren. Diese Teilnahme an der Marke geschieht zwischen Buzz und Fan Fiction – also zwischen der Geschichte, die weitererzählt, und der, die als co-created Story völlig neu geschrieben wird.

Mit Blick auf die Aktivitäten von Fans, eigene Werke über ihre vergötterten Protagonisten, über ihre geliebte Welt zu produzieren, hat Henry Jenkins schon 1992 in seinem Buch „Textual Poachers. Television Fans and Participatory Culture" eine neue Kultur der *Partizipation* beschrieben (vgl. Jenkins 1992). Durch die technische Entwicklung der beiden letzten Jahrzehnte wurde dieses Phä;nomen zum Mainstream. Jenkins defi niert *participatory culture* als eine Kultur, in der Fans und weitere Konsumenten aktiv an der Kreation und Verbreitung von Content teilnehmen (vgl. Jenkins 2008. S. 3). Facebook, Internetforen, bestimmte Online-Games, YouTube etc. sind Beispiele für Medien mit besonders stark ausgeprägten Partizipationsmöglichkeiten. Wichtig ist dabei, dass der *Anlass* zur Partizipation den Medien selbst nicht innewohnt, sondern aus dem Content heraus entsteht – mithin aus der erzählten Geschichte. Das Besondere an diesen Medien ist, dass die Hürde die der Interessierte zur Partizipation überwinden muss, nicht allzu groß ist. Interaktivität ist das große Stichwort in diesem Zusammenhang, es darf aber nicht mit Partizipation verwechselt werden. Interaktivität bezieht sich auf die Möglichkeiten neuer Technologien, dem Benutzer auf Eingaben in irgendeiner Weise Feedback zu geben. Partizipation ist im Gegensatz zur schlichten Interaktivität immer auch mit Kontrollverlust auf Seiten der Industrie verbunden. „Allowing consumers to interact with media under controlled circumstances is one thing; allowing them to participate in the production and distribution of cultural goods – on their own terms – something else altogether" (Jenkins 2008, S. 137). Am Beispiel „Star Wars" beschreibt Jenkins ausführlich, wie sich der Diskurs zwischen Fans und Industrie entwickelt hat und welche Werke zwischen beiden Seiten entstanden sind (vgl. Jenkins 2008, S. 135–173). Dabei bezieht er klar Stellung und empfiehlt den Kontrollverlust nicht als Gefahr, sondern als Chance zu sehen. „The power of participation comes not from destroying commercial culture but from writing over it, modding it, amending it, expanding it, adding greater diversity of

perspective, and then recirculating it, feeding it back into the mainstream media"
(Jenkins 2008, S. 268).

Den Kern jeder Partizipation bildet laut Jenkins eine Überlegung, derzufolge
der Konsument immer ein Gefühl von Besitz haben müsse, wenn er partizipiere.
Mit diesem Gedanken zitiert Jenkins Raph Koster, Computerspiele-Designer, Autor
und ehemaliger Creative Director der Massen-Online-Rollenspiele (MMORPG)
„Star Wars Galaxies" und „Ultima Online". Zentrale Überlegung im Zusammenhang mit Partizipation im Online-Game müsse laut Koster sein, dass man dem
Konsumenten nicht einfach etwas vorsetzen könne, was er dann einfach schlucken
und niemals abändern würde. Ganz im Gegenteil gehe es darum, dass Handlungen
des Spielers einen Unterschied machen müssen, dass Nutzer eine Spur hinterlassen
können. „For players to participate, they must feel that what they bring to the game
makes a difference, not only in terms of their own experience, but also the experiences of other players. [...] ‚Self expression is another way to promote immer-
sion. By giving players freeform ways to communicate themselves, designers can
draw them more deeply into the world – they feel more part of it'" (Jenkins 2008,
S. 165). Ein kleines Beispiel für sinnvolles Partizipieren sind all die Menschen, die
für die Online-Enzyklopädie Wikipedia Artikel schreiben, redigieren oder auch
nur Rechtschreibfehler korrigieren; jede Kleinigkeit macht einen Unterschied und
bringt Wikipedia einen Schritt weiter auf dem Weg zu einer umfassenden, frei zugänglichen und objektiven Wissensbasis.

Wie bereits beschrieben, ist auch im Marketing-Diskurs die Idee von Co-Creation in aller Munde. Wenn das Marketing den viel gelobten Partizipationsbegriff
aber ernst nehmen würde, dann müsste es Jenkins Ausführungen folgend auch
eine Situation schaffen, in welcher der Rezipient die besagte persönliche Erfahrung
des Spurenhinterlassens in der Praxis machen kann. Und das nicht einfach nur in
einem Gästebuch, das eh keiner liest, sondern so, dass es andere Menschen tatsächlich mitbekommen und für sie die Teilnahme des Einen auch einen Unterschied
macht – wie klein er auch immer sein möge. Das Beispiel mag billig sein, aber
genau das ist es, was Amazon als Online-Versandhandel so attraktiv macht: dass
Einzelne qua Produktbewertung eine Spur hinterlassen haben, die für die Masse
der anderen potenziell einen Unterschied macht. Jenkins wirft in dem abschließen-
den Kapitel seines Buches „Convergence Culture" die Frage auf, wie Partizipation
in der Praxis zustande kommt. „Part of what we must do is figure out how – and
why – groups with different backgrounds, agendas, perspectives, and knowledge
can listen to one author and work together toward the common good. We have to
learn." (Jenkins 2008, S. 256–257). Wie bereits hergeleitet kann dieser Treiber nur
ein starker Konflikt sein.

C. Play – zwischen Sport und Spiel

Bei der Play-Komponente hingehen geht es zwar in gewisser Hinsicht ebenso um Partizipation, denn auch durch Spielen kann eine Spur hinterlassen werden. Die Motivation speist sich aber nicht primär aus der Möglichkeit, Dinge zu verändern, sondern besteht eher in der spielerischen Betätigung selbst. Spielen bewegt sich zwischen Regeln und Rausch, zwischen stark formalisierten Spielen wie Schach, in denen jegliche Zufallskomponente fehlt, und einem völlig ungeregelten Cowboy-und-Indianer-Spiel, dessen Regeln sich eher aus der Geschichte heraus ergeben. Im spieletheoretischen Diskurs stehen sich genau diese beiden Herangehensweisen scheinbar unvereinbar gegenüber. So grenzt sich die Ludologie im Diskurs der Computerspieltheorie von den Narratologen ab. Die Narratologen sehen im Spielen eher das Verfolgen einer Geschichte. Einige Ludologen hingegen folgen den Betrachtungen von beispielsweise Johan Huizinga oder Roger Caillois und konstatieren, dass es beim Computerspiel lediglich um das Spielelement an sich gehe (vgl. Frasca 2003). Diesem Diskurs können wir an dieser Stelle aber nicht weiter folgen. Interessant für uns sind jedoch die Überlegungen der Ludologen, dass – je nach Medium – verschiedene Ausprägungen des Spiels mehr oder weniger stark vorhanden sein können. Caillois beispielsweise beschreibt das Spiel als eine triebgesteuerte menschliche Tätigkeit, die sich immer im Spannungsfeld zwischen Regelbefolgen (Ludus) und Ausprobieren (Paida) bewege. Bei Ludus gehe es primär um das Bedürfnis, die eigenen Fähigkeiten innerhalb von strengen Regeln zu steigern. Bei Paida dagegen stehe der Übermut im Vordergrund, also die ungeregelte und spontane Freude an einer Betätigung, wie sie beispielsweise der Begriff des kindlichen Spieltriebs beschreibt (vgl. Callois 1958). Diese beiden Facetten des Spiels gilt es bei der Konzeption von Maßnahmen insbesondere für solche Kontexte zu beachten, die eine hohe Spielkomponente fordern. Harrigan und Wardrip-Fruin nennen solche Kontexte „playable media". Die Grabenkämpfe zwischen Narratologen und Ludologen haben die beiden Autoren längst überwunden und diskutieren als Herausgeber des Buchs „Second Person – Role Playing and Story in Games and Playable Media", wie in verschiedenen Medien gespielt werden kann (vgl. Harrigan und Wardrip-Fruin 2007). So beschreibt beispielsweise ein Beitrag von Game-Designer Kevin Wilson (vgl. Wilson 2007, S. 91–93) anschaulich die Vorgehensweise bei der Konversion des 3D-Egoshooters „Doom" in ein Brettspiel unter der Leitfrage „How can I retell a story designed for an entirely different medium in a way that acknowledges the strength and weaknesses of the medium I'm working in?" (Wilson 2007, S. 91).

Also widmet sich auch die Spieleindustrie den Fragen des Storytellings innerhalb der unterschiedlichen Medienkontexte. „New forms of media not only require new approaches to story, but many even force us to re-examine our assumptions about how stories are told in more traditional forms" (Harrigan und Wardrip-Fruin 2007, S. XIV). Ob Geschichte oder Spiel, es gilt, einen Umgang mit dieser neuen Form der Unterhaltung zu entwickeln.

3.5.5   Fazit: Marke – von der Werbung über Transmedia Storytelling zum Alternate Reality Game?

Wie wir gesehen haben, muss sich die Geschichte vom einzelnen Medium ablösen und im Sinne des „Transmedia Storytellings" über verschiedenste Maßnahmen erzählt werden. Die Steigerung der dramatischen Qualität der Geschichte wird durch dramatische Momente erzielt. Diese dramatischen Momente können in verschiedenen Kontexten stattfinden. Die mehr oder weniger strenge Anordnung dieser dramatischen Momente auf einer Zeitachse ist die umfassendere Markengeschichte selbst. Durch diese Anordnung werden zudem die Kontexte bestimmt, in denen die dramatischen Momente stattfinden können, in denen die Geschichte in Form von Entry-points inszeniert wird. Ob die Momente zu den Kontexten passen, hängt von Content und Kontext ab. Die Kontexte zeichnen sich, wie bereits beschrieben, durch bestimmte Qualitäten aus, die bei der Auswahl berücksichtigt werden müssen.

Presentation, Participation, Play – die Verquickung dieser Rezeptionsmodalitäten in ein Gesamtkonzept hat im Bereich der Entertainment-Industrie bereits seit längerer Zeit einen Namen: *Alternate Reality Game*, kurz *ARG*. Auch die britische Zeitschrift „The Economist" berichtete bereits im Mai 2009 über diese transmediale Form und fragt sich: „WHAT do you get when you combine technology, advertising and unconventional storytelling?" (ohne Autor 2009b, http://www.economist. com). Ein neues und vor allem beliebtes Genre, das beispielsweise als Kampagne für den Batman-Kinofilm „The Dark Knight" von der Agentur „42 entertainment" inszeniert wurde. „Scores of ‚Batman' fans roaming the streets of San Diego wearing Joker costumes and carrying smart-phones. […] This elaborate quest, staged at a comic-book convention in 2007, began with US$ 1 bills that led players to a Joker-themed website. The site, in turn, gave them a time and a set of satellite-positioning co-ordinates. At the time and place specified, players found a plane writing a phone number in the sky. Calling the number sent them on a scavenger hunt with online components" (ohne Autor 2009b, http://www.economist.com). Im Genre der Alternate Reality Games verwischen sich also die traditionellen Grenzen zwischen Realität und Fiktion, zwischen Spiel und Wirklichkeit, was sich in der Maxime „This is not a game" ausdrückt (vgl. White Paper zum Thema „Alternate Reality Games" der International Games Developers Association (IGDA), ohne

Autor 2006, S. 9). Im Jahre 2001 wurde das erste kommerzielle ARG „The Beast"
als Promotion für Steven Spielbergs Film „A. I.: Artificial Intelligence" gespielt. Mit
„The Lost Ring" folgte 2006 ein ARG, das McDonald's gemeinsam mit der ARG-
Pionierin Jane McGonigal inszenierte. In „The Lost Ring" haben sich Menschen
aus sechs Kontinenten gemeinsam auf die Suche nach einem verschollenen olym-
pischen Ring gemacht. Im selben Jahr initiierte das britische Rote Kreuz „Traces of
Hope", ein Alternate Reality Game, dessen Protagonist – ein Teenager aus Uganda
– sich während des Bürgerkriegs in dem afrikanischen Staat auf der Suche nach
seiner Mutter befindet.

   Das alles klingt erstmal gut, aber wie erfolgreich sind Alternate Reality Games
tatsächlich? Christine Dena von der Universität Sydney hat ARGs eingehend
untersucht und unterstreicht den immensen Erfolg dieses Genres auf ihrer Website durch statistische Angaben (vgl. Dena 2008a, http://www.christydena.com). So
haben sich die Zugriffe (unique visitors) auf http://www.audiusa.com durch das
ARG „The Art of the Heist", das sich um einen verschwundenen Audi A3 dreht, im
Kampagnenzeitraum verfünffacht.[11]

   Darüber hinaus beschreibt Dena in dem Aufsatz „Emerging Participatory Culture Practices" (Dena 2008b) den Mechanismus, der Alternate Reality Games zugrunde liegt, mit dem Hinweis, wie wichtig das Partizipationsmoment für dieses
Genre ist. Bei ARG gehe es grundsätzlich darum, eine Vielzahl von Partizipationsmöglichkeiten zu schaffen, die den unterschiedlichen Bedürfnissen der verschiedenen Zuschauer entsprechen. Grob zusammengefasst gebe es verschiedene Spieler-
typen, die sich durch unterschiedliche Spielzeit und Spielintensität auszeichnen.
Wenig involvierte Spieler, sogenannte „casual gamers", seien in Alternate Reality
Games eher als Leser zu verstehen. Sie lesen die Ereignisse, die von einer stark in-
volvierten Gruppe von Spielern („hard-core gamers") erlebt und beschrieben werden. Dieses Spielersegment zeichne sich durch den Genuss von „deep gameplay"
aus – sprich sie investieren viel Zeit und Energie, um zu puzzeln und Rätsel zu
lösen, die für „casual gamers" in der Kürze der Zeit gar nicht lösbar sind. Das Partizipationsmoment füllt laut Dena die Lücke zwischen den einzelnen Maßnahmen.
Engagierte Spieler erstellen häufig Guides, welche die Ereignisse in einer linearen
Kausalität interpretieren und so die bisherige Geschichte zusammenfassen. Damit
erleichtern sie den Neulingen den Einstieg in die Geschichte, sie schaffen neue Entry-points. Diese Form von Fan Fiction erfindet also nicht unbedingt vollkommen
neue Handlungsstränge, sondern hat eher eine Framing-Funktion, die Storyele-

---

[11] Vergleiche auch die Website der verantwortlichen Agentur McKinney, URL http://mckin-
ney.com/#/work/item,116/client,22/ und einen Bericht über die Kampagne von Neal Leavitt
auf iMediaconnection.com, URL http://www.imediaconnection.com/content/6386.asp.

mente von Nicht-Storyelementen trennt. Trotzdem schmücken die Teilnehmer die Geschichte mit persönlichen Wahrnehmungen aus und ergänzen unter Umständen Elemente, die von den ARG-Designern gar nicht vorgesehen waren (Dena 2008b, S. 41–57).

Auffällig an den Alternate Reality Games ist jedoch, dass sie sich thematisch häufig an Mystery Stories orientieren. Oft werden Verschwörungen, Geheimnisse und Mysterien zitiert, die per se schon für Fans von Verschwörungstheorien interessant sind. Bereits 2001 beschreibt das Wired-Magazine dieses Phänomen. „Not coincidentally, all of these games have conspiracy themes. Having no set path to follow to the conclusion, these games take advantage of the Web's nebulous structure and create a new narrative form that is akin to a hypertext novel" (Rojas 2001, http://www.wired.com). ARG-Pionierin Jane McGonigal beschreibt in einem Aufsatz das Mindset der ARG-Player wie folgt: Mit den Anschlägen des 9. Septembers 2001 habe sich umgehend in einem Diskussionsforum der Online-Gamer namens „Cloudmakers" ein Thread gebildet, der in ARG-Manier zur Lösung des Rätsels aufrief, das hinter den Anschlägen auf das World Trade Center stehe. „Posts with subjects like ‚The Darkest Puzzle' and ‚Cloudmakers to the Rescue!' argued passionately that a game-play mindset was, for them, an appropriate and productive way to confront the stark reality of 9/11. ‚We can solve the puzzle of who the terrorists are,' one member wrote. Another agreed: ‚We have the means, resources, and experience to put a picture together from a vast wealth of knowledge and personal intuition'" (McGonigal 2003, o. S.). Das Mystery-Genre erscheint uns aber nicht immer für die Markenkommunikation geeignet. In dem von McGonigal initiierten ARG „World Without Oil" beweist die ARG-Entwicklerin, dass es auch anders geht. Der Titel sagt es bereits: Das Spiel thematisiert eine Situation, wie sie durch eine neue Ölkrise entstehen würde, und stellt den Spielern die Frage, wie eine Welt ohne Öl aussieht. Kollaborativ sollen die Spieler Ideen für eine Welt entwickeln, die vollkommen ohne Öl auskommt (vgl. http://www.worldwithoutoil.org).

Fassen wir kurz zusammen: Alternate Reality Games scheinen durchaus erfolgreich und je nach Spielertyp sehr immersiv zu sein. Zudem sind bei ARG die Grenzen zwischen Realität und Fiktion verwischt; eine Real-life-Ästhetik bringt dies zum Ausdruck. Der ARG-Plot wird transmedial inszeniert. ARGs verwenden häufig Verschwörungs- und Mystery-Thematiken, können sich aber darüber hinaus weitere Themen zunutze machen.

Was kann die strategische Markenplanung von diesem Genre lernen? *Zentrale Erkenntnis aus den Untersuchungen zu Alternate Reality Games ist, dass nicht zwingend eine lineare Geschichte inszeniert werden muss, denn Co-Creation durch Buzz und Fan Fiction können diese Geschichten nicht nur erweitern, sondern ebenso post-linearisieren.* Somit ist auch klar, dass nicht jeder Rezipient dem Verlauf der

Geschichte ähnlich einer Fernsehserie folgt, nicht jeden Entry-point mitnehmen muss, sondern dass es Menschen gibt, die für weniger Involvierte die Geschehnisse zusammenfassen. Damit beantwortet sich auch die Frage, wie narrativ jede Maßnahme für sich sein muss: nicht jede Einzelmaßnahme muss zwingend soviel redundante Information enthalten, dass ein Einstieg über sie in die Geschichte möglich wäre. Jede Maßnahme ist vielmehr Teil einer großen Geschichte, egal wie klein sie auch sein mag.

Die Schwäche von Alternate Reality Games bringt McGonigal selbst auf den Punkt, indem sie ARGs im kommerziellen Rahmen als „gift marketing" bezeichnet. „Instead of merely getting people to talk about a product, with a clever advertisement or a viral video, ARGs give sponsors the chance to ‚make something amazing, give it away, and then take credit for it'". Wenn wir diesen Gedanken mit der Idee verbinden, die Marke selbst in narrativen Strukturen zu beschreiben und als Markengeschichte zu verstehen, haben wir die Chance, von der „Geschenkemacherei" wegzukommen. Die Marke bietet nicht mehr lediglich etwas zum Spielen an, sondern sie wird selbst zu einer spannenden (spielbaren) Geschichte, in der Marke und Mensch gleichzeitig und zu gleichen Teilen Protagonist sind. Damit sind die einzelnen dramatischen Momente als narrative Elemente in einen strategischen Zusammenhang eingebettet, der ebenfalls narrativ ist. Dies ist der wesentliche Unterschied zu kommerziellen Alternate Reality Games, wie beispielsweise das von McDonalds initiierte „The Lost Ring". Ob mehr Transmedia Storytelling oder mehr Alternate Reality Game, ob mehr Presentation, Participation oder Play – damit die Marketing-Maßnahmen nicht nur Werbe-Maßnahmen sind, die sich an ein konfliktäres Meta-Thema knüpfen, wie beispielsweise Verschwörung oder Umweltschutz, sondern relevant für Medien, Menschen und – letztlich auch ökonomisch – für die Marke werden, muss das Marketing das Prinzip Story auf reale Handlungen anwenden und mittels Kommunikation den Menschen erlebbar und gestaltbar machen. *Don't tell a story, be a story!* Will heißen, liebes Marketing: vergiss konventionelles Storytelling und konzentriere Dich auf reale Handlungen. Handle real, aber verstehe Dich als Held einer Geschichte! Helden brauchen Konflikte! Sie machen Deine Handlungen so spannend, dass Menschen ihnen freiwillig folgen und über sie sprechen. Mache Deine Handlungen sicht-, erleb- und gestaltbar mittels transmedialer Kommunikation (PPP).

F. O. Dietrich, R. Schmidt-Bleeker, *Narrative Brand Planning,*
DOI 10.1007/978-3-642-32920-3_4, © Springer-Verlag Berlin Heidelberg 2013

4.1 Snippet: American Apparel als transmedial inszenierte Geschichte

Betrachten wie kurz die Marke „American Apparel". Ihre Erfolgsstory lässt sich retrospektiv sehr gut durch unsere Narrative-Brand-Planning-Perspektive ausdrücken. Wir möchten den Erfolg dieser Marke ins Felde führen, da sich ihre Situation mit dem deckt, was wir mit Narrative Brand Planning erreichen wollen. American Apparel ist ein US-amerikanisches Modeunternehmen mit Sitz in Los Angeles. Gegründet wurde es 1989. Das Geschäftsmodell von American Apparel gründet sich auf Herstellung und Vertrieb von Basics, also Kleidungsstücken wie Unterwäsche, T-Shirts, Kapuzenjacken, Sweatshirts usw. Diese Produkte fertigt das Unternehmen in allen erdenklichen Farben und vermarktet sie als „Mode – Made in America" weltweit. Zwischen 2003 und 2007 vervierfachte sich der Umsatz auf 300 Mio. €, um anschließend jedoch zu stagnieren und dann zurückzugehen (vgl. Gehrs 2008, http://www.brandeins.de). Heute schreibt das Unternehmen rote Zahlen. Wir interessieren uns hier jedoch mehr für den Aufstieg der Marke Anfang des Jahrtausends, weniger für den Niedergang, weil dieser eher mit gravierenden Managementfehlern zu tun hat, als mit der Inszenierung und den Widersprüchlichkeiten der Markengeschichte. Einer, wie wir sehen werden, konfliktträchtigen Geschichte.

American Apparel distanzierte sich von den leider in der Branche noch heute üblichen Sweat Shops, also Fertigungsstätten in Entwicklungsländern, die niedrigste Löhne bei schlechtesten Arbeitsbedingungen zahlen. Das Unternehmen stellt seine Produkte im Sinne des „Vertically Integrated Manufacturing" her, was bedeutet, dass alle Produktionsschritte unter einem Dach stattfinden. In jedem Kleidungsstück findet sich der Hinweis „Made in Downtown L. A.". Dabei zahlt American Apparel seinen Mitarbeitern mehr als gesetzlich vorgeschrieben. Viele der Mitarbeiter haben einen Migrationshintergrund und kommen beispielsweise aus Lateinamerika (vgl. Gehrs 2008).

American Apparel gilt also als ein Unternehmen, das politisch korrekt Mode produziert und verantwortungsvoll handelt, das auf heimische Produktion setzt, die Rechte seiner Arbeitnehmer achtet und sogar für diese kämpft. Mit der Kampagne „Legalize L. A." setzte sich American Apparel beispielsweise für die Legalisierung von illegalen Immigranten in den USA ein.

Entsprechend dem eigenen Verständnis als urbanes Unternehmen folgt American Apparel bei der Vermarktung der Produkte einer Art „Metropolen-Strategie und konzentriert sich auf junges, urbanes und kreatives Klientel". Verkaufsstandorte wie in Berlin Mitte, London Shoreditch oder New York Brooklyn sind beispielhaft für diese Strategie (vgl. Hillenbrand 2006). Dort wird die junge, konsumkritische Klientel unmittelbar erreicht. Auch bricht das Unternehmen mit den klassischen Regeln des Mode-Marketings: Keine Logos, keine Stars als Testimonials, keine teuren Werbekampagnen. Die Financial Times Deutschland bezeichnete American Apparel sogar als Antimarke, weil sie tatsächlich ohne sichtbares Logo auskommt. Bei den Werbekampagnen setzt American Apparel anstelle von Stars ausschließlich auf Amateurmodels und bildet damit quasi die eigene Kundschaft ab (vgl. Hillenbrand 2006).

Die Inszenierung der Produkte und Models wurde mehrfach mit der Arbeit des Fotografen Terry Richardson[1] verglichen, der spätestens mit seinen Sisley-Kampagnen bekannt für sexuell aufgeladene Werbefotografie wurde. Die Motive von American Apparel zeigen zumeist sehr junge Mädchen in Unterwäsche, die auf Sofas, Betten oder Autorücksitzen lasziv posieren. Dem Unternehmen American Apparel wurde immer wieder vorgeworfen, diese Form der Werbung sei unnötig sexistisch und geschmacklos. Sex ist wohl auch ein besonderes Anliegen des Gründers und „Chefwerbers" Dov Charney. Angeblich habe er in Begleitung einer Reporterin eines Modemagazins mehrmals onaniert und sich vor ihren Augen von einer Angestellten oral befriedigen lassen (vgl. Gehrs 2008). Charneys Exzesse führten vermehrt zu Klagen über sexuelle Belästigung am Arbeitsplatz, was besondere Brisanz hat, da es sich um Personen handelt, die finanziell von ihm abhängig sind.

Fangen wir bei der Betrachtung der Marke durch unsere Narrative-Brand-Planning-Brille dort an, wo wir etwas sie zu sehen bekommen – bei den Maßnahmen: Anzeigen in Lifestyle-Magazinen, die Shops, die Initiativen und Aktionen. Und, ja, auch die Produkte stellen Entry-points in die American Apparel Story dar, bei der jeder mitmachen kann. Es geht um den Kampf für eine offenere Welt: mit „Legalize Gay" unterstützt das Unternehmen gleichgeschlechtliche Ehen. Es geht um den Kampf für eine bessere Welt: mit „Legalize L. A." organisiert das Unternehmen aktiv Demonstrationen und Veranstaltungen, welche sich für die Legalisierung von illegalen Arbeitsmigranten einsetzen. Ebenso vertreibt American Apparel Mode aus biologisch erzeugter Baumwolle und unterstützt überdies Umweltinitiativen. Der Bezug, den die Kommunikate zur Amateur-Pornografie aufbauen, scheint im Konflikt mit dem engagierten Verhalten des Unternehmens zu stehen. Hier wird der Widerspruch aus Moral und Unmoral deutlich. Es rekeln sich junge asiatische Mädchen und präsentieren Strümpfe, Tops oder Höschen. Auf anderen

---

[1] „If you subscribe to the theory that sex sells in advertising, Terry Richardson is definitely your man. Best known for louche imagery that blurs the lines between photography and pornography, the 41-year-old American coaxes models into his studio to strike poses that no doubt shock their parents. It's all in the name of art and commerce, with a long list of international fashion magazines and brands from Gucci to Levi's keen to trade on his risque rep" (Huntington 2006, www.smh.com.au).

Motiven geht es mit dem Slogan „It's time to Legalize L. A., and Legalize the USA."
um die Rechte der Arbeitnehmer (http://www.americanapparel.net).

So der Status quo. Eines scheint erstmal klar zu sein: Wir haben einen Konflikt.
Einen Widerspruch zwischen einem fair handelnden Unternehmen und einem sexuell äußerst freizügigen Lifestyle, der sich für viele Betrachter durch die Werbung
und die Person Dov Charney bis zur Geschmacklosigkeit steigert. Auf der einen
Seite erscheint American Apparel als moralische Instanz der Modeindustrie, als
Hüter des amerikanischen Traums, quasi als Beispiel für proaktiven Protektionis-
mus in einer globalisierten Industrie. Auf der anderen Seite steht mit Dov Charney
ein Chef an der Spitze des Unternehmens, der offensichtlich unmoralisch lebt und
agiert. Ein Unternehmer, der Geschäftsentscheidungen gerne in Unterhose trifft
und die Richtigkeit seiner Entscheidungen auch in der „Hose spürt" (Hillenbrand
2006, http://www.ftd.de). Wie kann sich ein Gutmensch so verhalten? Will er sich
„Chancen verschaffen", indem er seinen Näherinnen etwas mehr Geld gibt als notwendig? Oder ist er an und für sich ein guter Mensch mit einer „kleinen Schwäche"
für Frauen? Oder möchte er seine Schwäche durch die Zahlungen ausgleichen?
Diese Fragen sind nicht zu beantworten, sie bleiben offen, der Konflikt ist nicht
auflösbar.

Auf der Website von American Apparel veröffentlichte das Unternehmen einen
Kommentar eines Kunden zu der provokanten Werbung. „Love those provocative
ads […] who doesn't like a hot chick in a bodysuit? who doesn't like a hot guy in
his undies? anybody who says they don't are liars. people need to be less sensitive to
these things, and be more open-minded – there's more serious things in the world
than a chick pulling her panties down … keep on being a provocateur".[2] Diese Aussage bringt es auf den Punkt, es geht um Ehrlichkeit.

Wie also könnte eine Marke wie American Apparel in narrativen Strukturen beschrieben werden? Wie sieht eine Markengeschichte aus, die den genannten Widersprüchen und dem ihnen innewohnenden Konflikt Rechnung trägt? Nehmen wir
an, jemand wäre planvoll vorgegangen und hätte das Ganze auf dem Reißbrett ent-
worfen und Schnittmuster nicht nur für Bekleidung sondern auch für deren konfliktträchtige Kommunikation vorgelegt. Die Ausgangsfrage wäre gewesen, welche
Art der Grenzüberschreitung ein Modeunternehmen mit dem Namen American
Apparel tätigen könnte. Modeunternehmen sind nunmal böse Unternehmen: Sie
beschäftigen Kinder, um Gewinne zu maximieren, verwenden Giftstoffe und sind
ein Produkt des hemmungslosen Kapitalismus. Aber sie tun so, als hätten sie eine
weiße Weste an, genauso, wie es das republikanische Amerika gerne mag und selbst
gerne tut. Diesen Weg geht die Marke nicht, obwohl der Name darauf schließen

---

[2] Vgl. http://americanapparel.net/presscenter/testimonials.html.

lässt. Die Marke geht den Weg des Widerstands, sie sucht die Konfrontation mit denen, die sich als die Guten sehen. Sie verbirgt dabei ihre Schattenseiten nicht, sondern trägt sie offen vor sich her. Es geht um Schein und Sein, um Form und Inhalt, um Wahrheit und Lüge, um Gerechtigkeit und Unterdrückung, um arm und reich. Das sind die Werte, die in der Geschichte gespielt werden. Sie erinnert an den barmherzigen Samariter, der, von der Gesellschaft geächtet, der Einzige ist, der sich dem Hilflosen, dem von den Räubern Überfallenen widmet – ganz im Gegensatz zu den Religiösen und Gelehrten, die den Zerschundenen links liegen lassen. Wie bei Aschenputtel und Frau Holle geht es um die wahre Größe und Güte einer Person hinter ihrer schmutzigen Fassade.

Daraus resultierte nicht nur die Spannung, die Widersprüchlichkeit und damit der Erfolg der Marke. American Apparel war auf der guten Seite, spielte aber den Bösen. Oder war es etwa andersherum? War American Apparel das Böse und verstand es gut zu spielen?

4.2 Narrative Brand Planning im Überblick

Es ist nicht unwahrscheinlich, dass der Markenführung von American Apparel kein durchdachter Plan zugrunde lag, sondern eher den Vorlieben und Neigungen seines Gründers entsprach.

Vieles spricht dafür, dass dieser unbesonnen und exzentrisch genug war, individuelle Amoral nach außen zu kehren. Dennoch ist der Aufstieg von American Apparel eine Blaupause für narrative Markenführung, für konfliktträchtige Kommunikationsstrategien.

Der Ansatz des Narrative Brand Plannings nutzt Narration, um den Konflikt für Marketing und Werbung nutzbar zu machen. Dieser Ansatz gliedert sich in drei Schritte:

Schritt 1: Bedeutungserfassung Klar muss sein, dass Marken kommunikative Phänomene sind, die sich über Gespräche konstituieren. In diesem ersten Schritt geht es darum, etwas innerhalb der Marke zu finden, das so spannend ist, dass sich Menschen über dieses Thema unterhalten.

Schritt 2: Bedeutungsreflexion In diesem Schritt wird geprüft, ob das, was zunächst erhoben wurde, auch wirklich spannend ist. Das Ergebnis dieses Schrittes sind strategisch tragfähige *Spannungskonstrukte*.

Schritt 3: Bedeutungsgenese Im dritten Schritt wird eine strategische Idee für die Marke generiert, welche auf die Markenbedeutung einwirkt. Zu diesem Zweck destillieren wir aus den Spannungskonstrukten des zweiten Schrittes eine „universelle Wahrheit" für die Marke. Für diese soll die Marke (zukünftig) einstehen. Ebenso definieren wir (Ziel)-Welten, in denen die Marke diese Wahrheit verteidigen soll. Aus diesen beiden Komponenten – Wahrheit und Welt – ergeben sich reale Handlungen, die, wie im vorausgehenden Kapitel beschrieben, eine von den Erzählmedien losgelöste, umfassende Markengeschichte ergibt.

Wohlgemerkt will der Ansatz eines Narrative Brand Plannings die Marke nicht in irgendeiner Weise festschreiben, er will sie nicht statisch positionieren, wie es konventionelle Ansätze versuchen. Es geht darum, durch reale Handlungen *Bedeutungen* zu schaffen, die eine Relevanz für Menschen haben. Diese Bedeutungen haben dynamischen Charakter: Wandlung und Veränderung sind durchaus erwünscht.

4.2.1 Narrative Brand Planning vs. Storytelling

Wir arbeiten also mit Narration, wir erzählen Geschichten. Was ist aber nun der Unterschied zum Storytelling? Storytelling-Pionier David Boje hat 1991 gezeigt, wie Storytelling in der Organisation ein zentrales Mittel der verschiedenen Stakeholder ist, Sinn zu erzeugen (vgl. Boje 1991). In der Werbewirtschaft ist im Laufe der Neunziger der Ansatz von Boje und weiteren Autoren auf die Idee verkürzt worden, dass dröge Marketing-Aussagen in einer Story verpackt schon mal viel spannender wären: Werbung müsse eine Geschichte erzählen!

Das Trendforschungsunternehmen Trendwatching hat dies erkannt, geht noch einen Schritt weiter und wirbt in besagtem Frühjahrs-Issue für eine neue Sichtweise des Verhältnisses von Marke, Konsument und Geschichte. „Ah, storytelling, yet another holy grail in the wonderful world of marketing. What's new in this field? How about companies no longer inundating consumers with their ‚brand stories', but instead helping customers tell a story to other consumers. Not to promote that particular brand, but to make those customers more interesting to others. Curious?" Den Unterschied zu der alten missverstandenen Form des Storytellings versuchen wir bereits im Namen unseres Ansatzes auszudrücken: „Narrative Brand Planning" und nicht etwa „Branding by Storytelling". Es macht einen nicht zu unterschätzenden Unterschied darin, wer die Geschichte erzählt. Es geht dabei auch nicht (nur) um narrative Kommunikate, sondern um die Konfiguration der Marke als narrative Struktur. Mathews und Wacker warnen davor, was passiert, wenn eine Geschichte einkanalig gesendet werden soll: „Your carefully crafted brand position is now 10 positions, or hundreds, or thousands, or tens of thousands. People begin to tell your story in the context of their experience and, for most brands, that means that you have lost your ,exclusive' [story]" (Mathews und Wacker 2008, S. 49). Es geht also nicht ums schlichte Versenden, sondern es geht – wie schon mehrfach beschrieben – darum, die Marke mit etwas zu versehen, das als Motor von Geschichten fungiert. Dies kann nur der Konflikt sein, denn durch ihn entstehen Geschichten rund um die Marke – egal, wer sie erzählt, egal ob Buzz oder Fan Fiction, ob klassische Werbung oder Viralspot. Es geht nicht darum, Geschichten zu erzählen, es geht darum, dass die Marke selbst zu einer Geschichte wird!

4.2.2 Ziele und Evaluierung

Ziel des Narrative Brand Plannings ist, die Marke aus der Bedeutungslosigkeit heraus zu holen – Ziel ist, die Marke auf die öffentliche Agenda zu bringen. Zugegeben, dies ist ein sehr großes Ziel und zudem extrem schwer zu evaluieren. Aber allen Beteiligten am Markenführungsprozess muss klar gemacht werden, dass Marken kommunikative Phänomene sind und sich erst durch Gespräche konstituieren. Ebenso muss verdeutlicht werden, dass bei dem gesamten Prozess keinerlei Anspruch auf Vollständigkeit bestehen kann. Wie bereits beschrieben, erhält McCracken zufolge ein Produkt oder eine Dienstleistung Bedeutung durch Kultur. Kultur benutzt dazu bestimmte Vehikel, wie beispielsweise Werbung, Verpackung, aber auch Filme, Moden usw. Diese direkt oder indirekt zu kontrollieren ist Aufgabe des Marketings (vgl. McCracken 2005, S. 177–178). Dieses Ziel zu erreichen ist aber utopisch, denn diese Vehikel sind Systeme mit eigenen systemimmanenten Logiken, die nur schwer gleichzusetzen sind. Trotzdem muss das Marketing den Systemen und Vehikeln etwas anbieten, mit dem sie „arbeiten" können. In gewisser Weise werden also Themen oder bestimmte Elemente eines Themas angeboten, die das Gegenüber, und in letzter Instanz auch den Konsumenten, zum Co-Producer werden lassen.

Allen Beteiligten sollte bewusst sein oder bewusst werden, dass der damit einhergehende (gefühlte) Kontrollverlust über die Marke vorher schon bestanden hat. Denn die Kontrolle der Marke liegt ohnehin nicht in deren Hand, allerhöchstens die Illusion von Kontrolle. „Aggregated Buzz Tools" (vgl. Rosen 2002, S. 18–19), wie beispielsweise die Zeitschrift der Stiftung Warentest, oder zeitgemäßer, entsprechende Internetforen haben den Konsumenten längst dahingehend „empowert", dass er das Produkt, das Unternehmen, die Dienstleistung so wahrnimmt, wie sie ist und nur selten so, wie es das Marketing gerne hätte.

Eine weitere große Herausforderung liegt in der Evaluierung des Verfahrens. Ob nun eine tatsächliche Wertsteigerung der Marke und letztlich des Unternehmens stattfindet, kann zumeist nicht unmittelbar nachgewiesen werden. Zudem können weitere Marketing-Maßnahmen Auswirkungen auf die Marke haben. Denn Marken sind und bleiben kommunikative Phänomene, deren Gestalt von einer Vielzahl von Faktoren bestimmt wird. Trotzdem sind für eine Evaluierung beispielsweise Presse-Clipping-Verfahren geeignet, welche die veröffentlichte Meinung nach bestimmten Themen oder Schlagworten durchsuchen, die mit den verwendeten Konflikten bzw. mit der Marke im Zusammenhang stehen. Gegebenenfalls können zudem bestimmte Kennzahlen entwickelt werden. Der Entwurf eines Verfahrens, das eine valide Evaluierung der Maßnahmen ermöglicht, soll jedoch nicht Gegenstand dieses Buchs sein. Ein „weicher" Faktor – oder besser eine interessante Betrachtungsweise für eine Evaluierung – bringt das Sprichwort „Viel *Feind*, viel Ehr!" zum Ausdruck. Schafft es die Marke zu polarisieren und somit aus der Bedeutungslosigkeit herauszukommen?

4.3   Narrative Brand Planning – Schritt 1 „Bedeutungserfassung"

4.3.1   Auswahl der Methoden

Die Daten, aus denen Konflikte für die Markenführung extrahiert werden sollen, werden grundsätzlich aus zwei Perspektiven erhoben. Zum einen aus der Unternehmenssicht und zum anderen aus der Konsumentenperspektive auf die Marke. Dabei werden die Daten durch qualitative Forschung erhoben. Im Folgenden werden kurz die Gründe erläutert, warum wir qualitative Verfahren für die Datenerhebung brauchen. Danach werden die konkreten Methoden beschrieben, die in der Datenerhebungsphase Verwendung finden.

4.3.1.1   Qualitative Methoden
Es bedarf der *qualitativen* Methoden für die Erhebung von Konflikten rund um die Marke. Dies gilt besonders vor dem Hintergrund, da wir Marken als rein kommunikative Phänomene betrachten. Das heißt aber auch, dass die Bedeutungen, welche Marken für Konsumenten tatsächlich haben, aus Sicht des Marketings keineswegs gesichert festgesetzt werden können. „Soziale Wirklichkeit lässt sich als Ergebnis gemeinsam in sozialer Interaktion hergestellter Bedeutungen und Zusammenhänge verstehen. […] Menschen handeln auf der Basis von gemeinsam

geteilten Bedeutungen, die sie Objekten, Ereignissen, Situationen und Personen zuschreiben" (Flick et al. 2000, S. 40). Im alltäglichen Leben finden diese als Konstruktionsprozesse bekannten Phänomene ständig und fortwährend statt. Bedeutungen werden je nach Kontext angepasst sowie modifiziert und sind somit keine statischen, sondern vielmehr dynamische Prozesse. Grundgedanke der qualitativen Marktforschung ist laut dem Sozialforschungsexperten Uwe Flick die Annahme einer fortlaufenden und ständigen Konstruktion eines gemeinsamen Weltbildes. Daraus lassen sich folgende Rückschlüsse ziehen: Realität wird zunächst interaktiv hergestellt und dann erst subjektiv bedeutsam. Realität wird über kollektive und individuelle Interpretationsleistungen vermittelt und handlungswirksam. Durch die Rekonstruktion subjektiver Sichtweisen lassen sich so Aussagen über eine gemeinsame soziale Wirklichkeit aller Akteure treffen. Mit Hilfe der Methoden und Techniken der qualitativen Marktforschung kann die soziale Wirklichkeit bestimmter Akteure in einem bestimmten Kontext rekursiv destilliert werden (vgl. Flick et al. 2000, S. 21).

Will man die Konsumenten- und Unternehmensperspektive auf die Marke erforschen, gilt es, die Datenerhebung möglichst offen durchzuführen. In kleinem Rahmen agierend wird dabei versucht, ohne bestimmte Annahmen, explorativ, offen und flexibel Hypothesen zu generieren. Die qualitativen Studien folgen in diesem Zusammenhang dem induktiven Prinzip und die Untersuchungsmethoden und Vorgehensweisen passen sich der jeweiligen Problemstellung an. Hier grenzen sich qualitative Verfahren von standardisierten Vorgehensweisen der quantitativen Marktforschung insofern ab, da sie frei entwickelbar sind (vgl. Jahn et al. 2004, S. 103). Ein weiterer Unterschied zu quantitativen Verfahren, die auf Basis statistischer Methoden operieren, liegt darin, dass qualitative Marktforschung in der Regel mit sehr kleinen Stichproben arbeitet. Qualitative Markforschung liefert im Gegensatz zu quantitativer Marktforschung überschaubarere Datenmengen. So können Studien zu wesentlich geringeren Kosten realisiert werden, denn für ein induktives Prinzip spielt die Anzahl der Teilnehmer keine große Rolle. (vgl. Kühn und Kreuzer 2006, S. 65). Auch Gerald Zaltman, Professor an der Harvard Business School postuliert, dass selbst eine relativ kleine Anzahl von Interviewpartnern völlig ausreiche, genug relevante Konstrukte und Assoziationen zu erfassen, die ein wesentlich größeres Segment repräsentieren (vgl. Zaltman 2003, S. 149–150).

4.3.1.2   Interviewform

Die Auswahl des *qualitativen* Interviews als Form der Datenerhebung ist damit zu begründen, dass der Interviewer ständig in das Gespräch eingreifen und die Interviewpartner von Unternehmens- und Konsumentenseite so behutsam in eine Richtung lenken kann, die für die Datenerhebung zielführend ist.

Dabei bleiben sowohl die Reihenfolge als auch die genaue Ausgestaltung der Fragen flexibel. Genau wie in einem Alltagsgespräch kann die Gesprächsperson selbst Themenschwerpunkte setzen und mit eigenen Worten Aussagen formulieren. Dabei sind die Antwortmöglichkeiten der Gesprächspartner weitgehend uneingeschränkt. Der Anthropologe Spradley (vgl. 1979, S. 58) empfiehlt sogar, die Interviews als „friendly conversations" zu betrachten. „In fact, skilled ethnographers often gather most of their data through participant observation and many casual, friendly conversations. They may interview people without their awareness, merely carrying on a friendly conversation while introducing a few ethnographic questions" (Spradley 1979, S. 58).

Cortazzi (vgl. 2001, S. 390) ergänzt den Ansatz von Spradley durch ein Modell zur Konversationsanalyse. So seien viele Konversationen durch „adjacency pairs" gestaltet, also durch Äußerungen verschiedener Sprecher, die zueinander komplementär sind. So zum Beispiel Fragen-Antworten, Bestätigungen, Beschwerden, Entschuldigungen etc. Für Cortazzi sind die „adjacency pairs" auch in gröberen Sequenzen zu erkennen, also beispielsweise in der Aufforderung, eine Geschichte über einen Sachverhalt zu erzählen. Die Bestätigung innerhalb der Story durch den Interviewer hält den Interviewten dabei an, seine Geschichte weiterzuerzählen, auszubauen bzw. neue Geschichten anzuschließen. Dabei gilt es, den Geschichtenerzählfluss, der einmal beim Interviewten ausgelöst ist, nicht als anekdotisch abzustempeln und zu unterbrechen, sondern zu lenken: „As answers narratives are crucially shaped by questions; a different question might lead to a quite different narrative or to none at all" (Cortazzi 2001, S. 390). Es handelt sich also bei Konsumentengeschichten aus Interviews immer um „interactive co-productions" (Cortazzi 2001, S. 390). Dieser Pingpong-Effekt ist durchaus auch für Gruppendiskussionen vorstellbar. Hier können sich besonders sendungsbewusste Teilnehmer in ihrer Erzähllust gegenseitig beflügeln. „A second story from another speaker is itself a receipt of a first, and so the chain may continue, with each story bettering the previous one in some way" (Cortazzi 2001, S. 390).

4.3.1.3 Interviews in narrativer Form

Um nun tatsächlich Bedeutungen zu erfassen, welche die Marke für ihre Produzenten, also Unternehmer *und* Konsumenten, hat, ist es hilfreich, Daten in *narrativen* Strukturen zu erheben. Spannende Themen, Sachverhalte etc., die sich rund um die Marke ergeben, lassen sich am besten als Geschichten erzählen und somit auch als solche aufzeichnen. Denn „narrative is now seen as one of the fundamental ways in which humans organize their understanding of the world. […] Narrating is, after all, a major means of making sense of past experience and sharing it with others. […] By collecting and analyzing a number of narratives from one or more informants it should be possible to distil the tellers' perspectives on the events recounted or on particular themes or processes" (Cortazzi 2001, S. 384–385). Geschichten sind darüber hinaus ein essentieller Bestandteil der Identitätskonstruktion und haben damit für die Erklärung von Phänomenen des Konsums und der Markenverwendung eine besondere Bedeutung.

„Vor dem Erzählen kommt das Zuhören", postulieren auch Liebl und Rughase (2002) in einem Artikel zum Thema Storylistening. Sie kritisieren, dass „das Marketing Geschichten als Verkündigungsinstrument und kommunikative Einbahnstrasse [benutzt]. Es unterstellt stillschweigend, dass Geschichten beherrscht werden könnten. In dieser einseitigen Ausrichtung des Storytelling bleibt jedoch unklar, an welche Vorstellungswelten die vom Unternehmen erzählten Geschichten andocken können und im Kontext welcher Erzählungen sie sich bewähren müssen" (Liebl und Rughase 2002, S. 34). Konsumentengeschichten spiegeln also die Bedeutung wider, die Ereignisse für den Konsumenten haben (vgl. auch Cortazzi 2001, S. 385). Aber haben Konsumenten tatsächlich so viele Konsum-Geschichten zu erzählen? Liebl und Rughase (2002) wollen bereits zahlreiche und reichhaltige Storys von Konsumenten über Marken gehört haben. „Unsere Studien in den unterschiedlichsten Bereichen von Handel, Industrie und Dienstleistung (B2B wie B2C) zeigten, dass Kunden viele Geschichten in Verbindung mit Unternehmen, Produkten, Dienstleistungen oder Marken erzählen können. Diese beginnen häufig mit Erlebnissen an den Kontaktpunkten zum Unternehmen respektive seinen Angeboten" (Liebl und Rughase 2002, S. 37). Die Flexibilität dieser Interviewform vermittelt dem Interviewten idealerweise, sämtliche Geschichten, seien sie scheinbar noch so irrelevant, loswerden zu können. „Diese Geschichten werden gerne und ausführlich im Kontext der eigenen Lebenswelt platziert – nicht zuletzt, weil die Kunden erstmals das Gefühl erhalten, dass sich ein Unternehmen wirklich für ihre Situation und ihre Anliegen interessiert" (Liebl und Rughase 2002, S. 37). In vielen Fällen äußern die Interviewten nach dem Interview, dass die Befragung tatsächlich Spaß gemacht habe, so Rughase.

Ebenso können *Kontexte* Potenziale bergen, in der die Marke wirkungsvoll stattfinden könnte. Und genau diese Kontexte liefern die Konsumenten in ihren Erzählungen direkt mit. „An outline of the elements of the common context of narratives, however, indicates that a simple content analysis will miss many of the contextual complications which make narrative analysis more difficult yet perhaps more rewarding as a research tool in ethnography" (Cortazzi 2001, S. 388). Auch Gabriel sieht den Vorteil von Geschichten weniger in ihrem Informationsgehalt, also der Fähigkeit Fakten wahrheitsgemäß zu transportieren, sondern darin, Fakten mit Bedeutung aufzuladen. In dieser Unschärfe sieht er den Nachteil, aber auch den Vorteil von Geschichten (vgl. Gabriel 2000, S. 135). „Ultimately […] the truth of a story lies not in its accuracy but in its meaning – and paradoxically the inaccuracy, the distortion, or even the lie in a story can offer a path towards the deeper truth its contains, at an individual or collective level" (Gabriel 2000, S. 135).

Aus all dem kann geschlossen werden, dass Narrative Interviews besonders geeignet sind, Bedeutungen der Marke aus Unternehmer- und Konsumentenperspektive zu erheben und ebenso das Markenumfeld, also Markt, Wettbewerb, Verwendungssituationen und weitere Kontexte zu erfassen. Mit dieser Methode werden letztlich Geschichten erhoben und für eine spätere Analyse und Bewertung bereitgestellt.

4.3.2 Vorgehensweise

Datenerhebung wird in zwei Phasen durchgeführt:

- *Phase I: „Strategie-Workshop: Kick-off und Business Perspective"* und
- *Phase II: „Consumer Perspective".*

In Phase I werden Interviews vornehmlich innerhalb der jeweiligen Organisation durchgeführt. Dies hat zum Ziel, Bedeutungen zu erheben, welche die Marke aus Unternehmenssicht ausmachen. Phase II untersucht die Konsumentenperspektive auf die Marke. Der folgende Abschnitt beschreibt die beiden Phasen Schritt für Schritt.

4.3.2.1 Phase I: „Strategie-Workshop: Kick-off und Business Perspective"

Teil 1 „Kick-off": Im ersten Teil des Strategie-Workshops, dem *„Kick-off"*, müssen zunächst die Potenziale, aber auch die Grenzen dargestellt werden, die der Ansatz des Narrative Brand Plannings birgt. Anschließend wird der grundsätzliche Problemzusammenhang abgesteckt. Ebenso sollen bereits erste Bedeutungen erhoben werden, welche die Marke aus Sicht des Unternehmens ausmachen. Diese Interviews werden vornehmlich mit der Geschäftsführung durchgeführt.

Folgende Elemente sind Bestandteil der Interviews:

1. **Produkt:** Was macht das Produkt/die Dienstleistung aus? Welche Features hat es? Ist das Produkt/die Dienstleistung an sich schon eine Innovation?
2. **Kategorie:** Was zeichnet die Kategorie aus? Welche Eigenheiten hat sie gegenüber anderen? Welche Konventionen herrschen in der Kategorie? Gibt es Regeln, die gebrochen werden könnten?

3. **Verwender:** Wer sind die Verwender, wodurch zeichnen sie sich aus? Wer sind die Experten (also Lead-User)? Wer verwendet die Marke auf keinen Fall?
4. **Wettbewerber:** Welche Wettbewerber gibt es? Gibt es weitere Produkte, die ähnliche Funktionen für die Verwender erfüllen?
5. **Marke:** Wie wird die Marke wahrgenommen? Wie sehen vorhandene Markenmodelle und -festschreibungen aus?

Teil 2 „Business Perspective": Teil 2 des Strategie-Workshops versucht, die Perspektive des Unternehmens auf die Marke – die *Business Perspective* – weiter auszuarbeiten. Verschiedene Vertreter weiterer relevanter Funktionsbereiche des Unternehmens werden befragt. Auch in dieser Phase sollen narrative Komponenten zum Tragen kommen. So sollen die Interviewer, Geschichten um das Produkt, die Marke, die Kategorie und ihre Wettbewerber und gegebenenfalls um die Konsumenten erheben.

4.3.2.2   Teilnehmer für Phase II: Screening

In dieser Phase werden – je nach Ergebnis der Phase I – die Gesprächspartner für die Phase II gescreent. Diese Phase II nennen wir *Consumer Perspective*. Die Kriterien für das Screening wurden in der ersten Phase, im Kick-off, gemeinsam mit dem Verantwortlichen auf Unternehmensseite erhoben. Anschließend werden dementsprechend Verwender und Markenexperten zu Interviews eingeladen. Zusätzlich können Meinungsführer, also Menschen mit besonderem Sendungsbewusstsein, Menschen mit besonderer Kreativität oder besonderem Talent im Storytelling wichtigen Input für die Erhebung von Geschichten rund um die Marke geben. Lazarsfeld et al. (1969) haben Personen mit erhöhtem Persuasionsbedürfnis als Meinungsführer definiert. Allgemein ausschlaggebend für eine Meinungsführerschaft sind der sozio-ökonomische Status und das Ausmaß der sozialen Kontakte (vgl. Katz und Lazarsfeld 1955). Je nachdem, um welches Thema es geht, bestimmt beispielsweise das Alter die Meinungsführerschaft. Je nach Entscheidungsfeld lassen sich diese Merkmale durch bestimmte Eigenschaften und Fähigkeiten weiter schärfen: Kompetenz, Erfahrung, Bildung, Engagement und Interesse, soziale Integration und soziale Anerkennung. Von dieser Personengruppe können aufgrund ihrer guten kommunikativen Fähigkeiten besondere Ergebnisse erwartet werden – sprich: die spannenden Geschichten, die ein bestimmtes Überzeugungspotenzial haben. Innovative Geschichten finden sich in der „breiten Masse" der Verbraucher eher selten. So beschreiben auch Mathews und Wacker, dass neue Ideen eher vom Rande der Gesellschaft in die Masse diffundieren (vgl. Mathews und Wacker 2002). Entsprechend macht es bei der Erhebung von Geschichten mit immanentem Innovationspotenzial Sinn, sich Lead-Usern oder auch speziellen Subkulturen zu nähern. Außerdem ist denkbar, mit Nicht-Verwendern, ja, sogar mit den „Feinden der Marke" zu sprechen. Menschen, welche die Verwendung der Marke kategorisch ablehnen, werden Geschichten um die Marke erzählen, deren Konfliktpotenzial zur Marke hoch ist. Auch können durch die Befragung von Gegnern besondere Qualitäten der Marke hervortreten.

4.3.2.3 Phase II: „Consumer Perspective"

Wie bereits beschrieben, sind es im Sinne Michael Porters die Kunden, in deren Köpfen die Wettbewerbsvorteile entstehen (vgl. Porter 1985). Entsprechend gehen wir davon aus, dass sie auch den wertvollsten Input für das Narrative Brand Planning beisteuern können. Die Phase II (Consumer Perspective) hat zum Ziel, die Konsumentenperspektive der Marke und ihr Umfeld zu erfassen. Wir möchten uns also ihre Geschichten, ihre Wahrnehmung dieses Wettbewerbsvorteils anhören. Nach einer kurzen Einführung in das Thema und das Ziel des Interviews werden die Teilnehmer, wie auch in den Interviews der Phase I, mit „Sprungbrettern" konfrontiert. Zum einen bestehen die Sprungbretter aus Universalkonflikten, zum anderen bereits aus Inhalten, die in der Phase I gewonnen wurden und mit der Marke zu tun haben. Auf diese Weise werden Geschichten rund um die Kategorie, das Produkt, die Marke und die Wettbewerber erhoben.

4.4 Narrative Brand Planning – Schritt 2 „Bedeutungsreflexion"

Sicherlich sind die in Schritt 1, also die in der Erhebungsphase entdeckten Storys für sich schon spannend und interessant. Es reicht aber nicht aus, wenn Unternehmen diesen Geschichten huldigen und sie einfach weitererzählen, indem sie Kommunikationskanäle mit den Original- oder nachgestellten Geschichten bespielen. *Es ist vielmehr wichtig, die einzelnen Geschichten zu interpretieren; die Geschichten also zunächst weiter zu verdichten, den Konflikt herauszuarbeiten und zu analysieren, was hinter diesen Geschichten steckt.* Welche Konflikte werden thematisiert? Werden sie gelöst? Wie werden sie gelöst? Im folgenden Abschnitt wird zunächst eine Methode skizziert, die durch Analyse und Interpretation aus Geschichten Konflikte extrahiert. Das Ergebnis dieser Analyse ist quasi die Essenz einer oder mehrer Geschichten. Sie werden im Weiteren als *Spannungskonstrukte*bezeichnet, welche die extrahierten Konflikte und ihre Kontexte beinhalten. Dann wird eine Lösung skizziert, wie Spannungskonstrukte in ihrer strategischen Tragfähigkeit bewertet werden können.

4.4.1 Konfliktanalyse

Es gibt unzählige Modelle und Konzepte, wie Daten, die in narrativen Strukturen vorliegen, analysiert werden können. Einen strukturalistischen Zugriff über die Narratologie haben wir bereits im zweiten Kapitel skizziert. Fest steht aber, dass der Erfolg all dieser Modelle stark von der Interpretationsleistung des Analysten abhängt. Gabriel empfiehlt, „[that researchers] must rid themselves of the assumption that quality data must be objective, reliable, accurate, etc. and must be prepared to engage personally with the emotions and the meanings that reside in the text. Faced with distortions and ambiguities, researchers must resist the temptation of ‚setting the record straight'; instead, they must learn to relish the text, seeking to establish the narrative needs, and through them the psychological and organizational needs, that distortion, ambiguities, and inaccuracies serve" (Gabriel 2000, S. 135–136). Dementsprechend werden wir im Folgenden lediglich Ansätze verschiedener Methoden vorschlagen, wie narrative Texte zu analysieren und auszuwerten sind. Der Vorteil der narrativen Analyse liegt in der Möglichkeit, völlig neue Erkenntnisse zu erhalten, welche sich aus der Erhebung der Konsumentenperspektive speisen. „Narrative analysis can be used for systematic interpretations of others' interpretation of events. This can be an especially powerful research tool if the narratives are accounts of epiphanic moments, crises, or significant incidents in people's lives, relationships or careers. […] Most narratives do not simply report events but rather give a teller's perspective on their meaning, relevance and importance" (Cortazzi 2001, S. 384).

Die narrative Analyse erfolgt grundsätzlich in zwei Schritten, die nicht nacheinander erfolgen, sondern zum Teil parallel stattfinden müssen. Das Datenmaterial soll einer *Struktur-* und einer *Differenzanalyse* unterzogen werden. Für die Strukturanalyse dienen als Bezugsrahmen Konzepte von Rughase (2002) und Labov (1997). Die Differenzanalyse stützt sich weitgehend auf Lotman (1972), dessen Ansatz bereits dargestellt wurde.

4.4.1.1 Strukturanalyse

Strategie-Berater Olaf Rughase schlägt in Bezug auf die Storylistening-Methode vor, auf Band aufgezeichnete Aussagen dreimal durch einen speziell ausgebildeten Analysten auswerten zu lassen. In einem ersten Schritt solle er sich einen groben Überblick über den Inhalt und die Struktur des Interviews verschaffen. Der zweite Schritt dient dazu, die wichtigsten Elemente herauszuschreiben und Zusammenhänge zwischen diesen Elementen zu markieren. Der dritte Schritt dient wiederum der Überprüfung, ob alle Elemente enthalten sind. Ebenso sei es Rughase zufolge möglich, die Ergebnisse stichprobenartig durch einen weiteren Analysten überprü-

fen zu lassen (vgl. Rughase 2002, S. 54). Diesen Dreischritt behalten wir grundsätzlich bei. Ein besonderes Augenmerk soll aber im zweiten Schritt auf die vorhande-
nen narrativen Strukturen der Daten gelegt werden. Diese sollen nach folgendem
Schema abgebildet werden: Cortazzi benennt „three major structural categories:
an event structure, which reports happenings; a description structure, which gives
background information on time, place, people and context necessary to understand the narrative; and an evaluation structure, which shows the point of telling the
narration by presenting the speaker's perspective or judgement on the events, mar-
king off the most important part" (Cortazzi 2001, S. 384–385). Diese werden von
Labov noch weiter differenziert. Er definiert verschiedene Satztypen (Clauses) mit
unterschiedlichen Funktionen (vgl. Labov 1997, http://www.ling.upenn.edu). Das
Abstract verschafft einen groben Überblick auf das Thema. Die *Orientation* enthält
Informationen zu Raum, Zeit und die Protagonisten. Die *Complication* beschreibt
ein Problem, einen Konflikt, und die *Solution* eine entsprechende Lösung. Die *Evaluation* gibt Aufschluss über die Bedeutung der Geschehnisse für die Menschheit.

In Anlehnung an das Labov-Schema sollen die Daten folgendermaßen strukturiert werden:

- Abstract
- Orientation
- Complication
- Solution
- Evaluation

Die Informationen im Punkt Abstract und Orientation sollten möglichst kurz gefasst sein. Die Complication stellt aber den Kern der Analyse dar. Möglich ist zum
Beispiel, dass die Interviewpartner eine Complication lediglich als Problem thematisieren. Ebenso können Konflikte mit zwei differenten Positionen explizit genannt
werden. Oder – und damit entsteht schon eine Story – der Interviewte benennt den
Konflikt und im gleichen Zuge schon seine Lösung. Diese ist dann unter Solution
aufzuführen. Bewertet der Interviewte gar diese Inhalte, sind die Informationen
unter Evaluation zu sammeln. In dieses Schema werden die in einem Interview enthaltenen Geschichten verdichtet.[3] Auf diese Weise sind noch genug Informationen
für ein Verständnis der Geschichte enthalten.

---

[3] Ein anschauliches Beispiel für eine solche Verdichtung eines Interviews in das Labov-Schema gibt Cortazzi (vgl. S. 385 und 391).

4.4.1.2 Snippet: Dr.Hauschka

Um das Labov-Schema und überhaupt die weiteren Schritte von NBP anschaulich darstellen zu können, werden wir – die theoretischen Darstellungen flankierend – an dieser Stelle auf ein Beispiel-Case-Snippet zurückgreifen: Die Naturkosmetik-Marke Dr.Hauschka.

A. Hintergrund zur Marke

Kurz zur Marke und Marktsituation: Dr.Hauschka Kosmetik ist bereits seit über vierzig Jahren auf dem Markt. Neben den Heilmitteln bildet sie das zweite Standbein der WALA Heilmittel GmbH. Die Kosmetika sind in über vierzig Ländern auf dem Markt.

Der Naturkosmetikmarkt ist seit einigen Jahren rasanten Veränderungen unterworfen. Aus einem Nischen- wurde ein Massenmarkt, aus einer Handvoll überzeugter Verwender eine ebenso umfangreiche wie konsumfreudige Klientel der LOHAS (= Lifestyle of Health and Sustainability). Das Angebot wächst ebenso schnell wie die einzelnen Wettbewerber, weswegen mit einem immer höheren Budget um Marktanteile gekämpft wird – Dr.Hauschka konnte sich allerdings mit einem vergleichsweise niedrigem Werbebudget behaupten. Die Menschen suchen mehr und mehr nach dem Ehrlichen, nach dem Ursprünglichen und Unschuldigen. So verwundert es auch nicht, dass aus einer kleinen Fangemeinde eine große internationale Klientel wurde. Selbst Hollywood-Stars haben Dr.Hauschka inzwischen für sich entdeckt.

Entsprechend der oben skizzierten Vorgehensweise zeichnen narrative Interviews, für die wir 2009 zehn Dr.Hauschka-Verwenderinnen gewinnen konnten, ein interessantes Bild: Die Marke wird widersprüchlich betrachtet. Auf der einen Seite wird sie als bodenständig geschildert, auf der anderen als glamourös. Sie bewegt sich zwischen medizinischer Präzision und anthroposophischem Menschenbild, zwischen Glaube und Wissenschaft, zwischen Natur und Stil.

In der Nähe von Stuttgart, im schwäbischen Bad Boll co-existieren ein bio-dynamischer Heilpflanzengarten und modernste Herstellungsverfahren. Während höchste Ansprüche an die Fertigungsprozesse modernste medizinische Geräte fordern, werden im Heilpflanzengarten mit Bergkristallen gefüllte Kuhhörner vergraben, nach einem Jahr wieder hervorgeholt, zerstampft und in homöopathischen Dosen im Garten versprüht. Hier gehen Goethe und Newton eine Allianz ein. Hier ist zugleich Welt und Provinz. Hier trifft schwäbische Bodenständigkeit auf Hollywood-Glamour – hier verbinden sich Wissen und Werte. Um die Dimension dieser der Marke innewohnenden Spannung klarzumachen, sei auf den Artikel einer amerikanischen Bloggerin verwiesen, welche einerseits beklagt, dass die Hauschka-

Produkte zeitgemäßen Standards nicht entsprechen, weil sie Substanzen verwenden würden, deren Wirksamkeit infrage steht und welche zudem nachweislich zu Hautirritationen führen könnten.[4] Auf der anderen Seite fühlte sich keine geringere als Julia Roberts (*die* Julia Roberts) bemüßigt, in einem Interview die Vorzüge der Dr.Hauschka-Produkte über den grünen Klee zu loben.[5] Übrigens ohne dass sie Dr.Hauschka als Markenbotschafterin engagiert hätte. „Dr.Hauschka, einst Bückware aus dem Demeter-Laden, hat sich in ein Luxusprodukt verwandelt und der Wala GmbH ein Wirtschaftswunder beschert. Umsatz und die Zahl der Beschäftigten wachsen seit Jahren zweistellig.", so urteilt die brandeins Nr. 10 aus dem Jahr 2004.

Die Widersprüchlichkeiten der Marke Dr.Hauschka sind Fluch und Segen zugleich. Auf der einen Seite erscheinen sie sehr komplex, aber auf der anderen Seite machen sie Dr.Hauschka einzigartig, facettenreich und spannend! Und das ist der zentrale Treiber einer starken Marke, über die man gerne spricht.

B. Vorgehensweise am Beispiel Dr.Hauschka

Ein narratives Interview zur Marke Dr.Hauschka, das wir im Jahr 2009 mit einer Verwenderin durchgeführt haben, möchten wir als Beispiel zur Veranschaulichung der Vorgehensweise anführen.

Das erste Mal sei sie der Marke Dr.Hauschka in einem amerikanischen Hochglanzmagazin begegnet: „Das muss etwa 10 Jahre her sein, man hat ein Supermodel gefragt, was es so benutzt." Unter anderem wäre der Name „Dr.Hauschka's Rose Cream" gefallen. Sie hätte sich erinnert, schon einmal im Reformhaus auf diese Marke gestoßen zu sein. Zwar wäre ihr damit klar gewesen, dass sie unmittelbar Zugang zum Pflegeprodukt eines Supermodels hätte, sie fand aber „den Namen Dr.Hauschka blöd. Klang irgendwie polnisch oder so für mich, jedenfalls nicht gerade nach Kosmetik-Kompetenz." Bei ihrem nächsten Gang ins Reformhaus aber hätte sie Ausschau nach der Marke gehalten und wäre über Auswahl und Preis überrascht gewesen. Daraufhin hätte sie zugegriffen: „Ich bin dann irgendwann wirklich ins Reformhaus und habe mir die Sachen angeguckt. Und war einerseits überrascht über die Produktvielfalt und -spezialität und andererseits angetan vom günstigen Preis. Wer ansonsten seine Kosmetikempfehlungen aus der US Bazaar oder so bezieht, kommt nicht so günstig weg!"

---

[4] http://www.beautypedia.com/Brand/Dr-Hauschka/104.aspx.

[5] http://www.brandeins.de/magazin/vom-modebegriff-zum-wirtschaftsfaktor/was-marken-nuetzt-der-hollywood-effekt.html.

Wertet man dieses Interview nach dem oben durchexerzierten Labov-Schema aus, dann ergibt sich Folgendes:

Abstract: Dr.Hauschka und der internationale Glamour
Orientation: Konsumentin entdeckt Marke in US-Hochglanzmagazin
Complication: Für die Konsumentin war die Marke bisher nicht relevant, da abgeschreckt vom Namen, hat die Marke aber nun in einem amerikanischen für sie meinungsbildenden Magazin entdeckt. Dort wird die Marke von einem Model empfohlen.
Solution: Konsumentin entdeckt am Point-of-sale die Dr.Hauschka Produkte, ihre Vielfalt und ihre verhältnismäßig günstigen Preise.

Das Beispiel Dr.Hauschka wird uns bei den folgenden NBP-Prozessschritten weiter begleiten.

4.4.1.3   Differenzanalyse

Die im Labov-Schema im ersten Schritt der Auswertungsphase gesammelten Daten, die unter *Complication* eingeordnet wurden, sollen im nächsten Schritt genauer untersucht werden. Es geht dabei um die Untersuchung der *Differenz*. Für die Analyse kann wieder der Bezugsrahmen Lotmans (1972) dienen, der bereits in 4.4.1 ausführlich beschrieben wurde. Dementsprechend müssen die differenten Positionen als einzelne *semantische Räume* betrachtet werden. Gegenstand der Analyse muss also die Grenzüberschreitung sein, die durch die Complication zum Ausdruck kommt. Wie stark ist die Grenzüberschreitung? Werden Weltordnungen verletzt, in Frage gestellt, erschüttert? Entsprechend muss in diesem Teil der Analyse beschrieben werden, was hinter der jeweiligen Complication steckt, in welcher Art und Weise Weltordnungen aufeinander prallen.[6] Ebenso bietet es sich an, die Konfliktebenen zu betrachten. Auf welcher Ebene löst die Grenzüberschreitung einen Konflikt aus? Geht es beispielsweise lediglich um einen Personenkonflikt oder gar um einen Gesellschaftskonflikt? Führen die Konflikte zu Paradoxien oder entstehen Double-bind-Situationen? Sind vielleicht sogar (Ur)-Konflikte betroffen, die das universal Menschliche betreffen? Ein weiterer Zugriff auf die Analyse der Qualität differenter Positionen ist das Konzept die Fallhöhe. Eick zitiert Schütte, der den Begriff der Fallhöhe definiert, die den Gegensatz bezeichnet zwischen dem sozialen Status einer Figur und dem Status, der durch die Konfliktsituation entsteht (vgl. Eick 2006, S. 87). Dieser Ansatz hilft ebenso, die qualitative Dimension eines Konflikts zu erfassen.

---

[6] Zur Analyse der Qualität der Grenzüberschreitung vergleiche Kapitel II 1.3.

A. Beispiel Dr.Hauschka

Schauen wir uns die *Complication* am Beispiel Dr.Hauschka einmal genauer an. Zwischen dem polnisch anmutenden Namen und der Aussage des Supermodels, Dr.Hauschka zu nutzen, liegt Spannung: auf der einen Seite vermeintlicher Reformhausmuff, auf der anderen Seite strahlender Glamour. Hier Produktkompetenz, dort blendende Schönheit. Beide Welten funktionieren unterschiedlich, beide Seiten erscheinen unvereinbar und gehen dennoch eine spannende Liaison ein.

4.4.1.4 Spannungskonstrukte

In diesem Schritt werden die analysierten Geschichten zusammengefasst und zu *Spannungskonstrukten* weiter verdichtet. Wie bereits erwähnt, muss dies nicht zwingend nach dem vorherigen Schritt passieren, sondern kann auch parallel geschehen. Die Spannungskonstrukte haben folgenden Aufbau.

1. Name bzw. Label
2. Meta-Info
3. Konflikt

Sobald sich abzeichnet, dass sich bestimmte konfliktträchtige Themen häufen und genügend Informationen aus der Struktur- und Differenzanalyse zur Verfügung stehen, werden die Daten in das oben beschriebene Schema überführt. Dazu wird dem Konstrukt zunächst ein *Label* gegeben, welches den Inhalt sinnvoll und vor allem eingängig beschreibt. Die Aggregation der Informationen zu Labels hat den Vorteil, in einer simplen, kurzen Aussage hohe semantische Vielfalt und Komplexität zu vereinen. „Cognitive scientists call such labels constructs. These constructs are not the actual thoughts or behaviors; rather they represent marketers' interpretation of those thoughts or behaviors. Constructs enable people to talk about specific thoughts and behaviors; thus they tame these elusive phenomena" (Zaltman 2003, S. 132). Unter dem zweiten Punkt *Meta-Info* können die Informationen gesammelt werden, die notwendig sind, das Konstrukt in all seinen Facetten verstehen und die Entstehung des Konstrukts nachvollziehen zu können. Die Meta-Informationen bemühen sich, quasi als Content, eine Ablösung des Konstrukts von den tatsächlich erhobenen Geschichten zu vermeiden.

A. Beispiel Dr.Hauschka

Am Beispiel Dr.Hauschka haben wir aus den 2009 durchgeführten Interviews drei Spannungskonstrukte herausgearbeitet:

1. **Spannungskonstrukt**
Name/Label: Bodenständigkeit vs. Glamour
Meta-Info: US-Hollywood Stars verwenden und empfehlen Dr.Hauschka (Madonna, Uma Thurman, Julia Roberts usw.); solides Produkt im Beauty-Markt.
Konflikt: Es stehen sich schwäbische Bodenständigkeit und oberflächlicher Glamour semantisch gegenüber.
2. **Spannungskonstrukt**
Name/Label: Glaube vs. Wissenschaft
Meta-Info: Medizinische Präzision; Naturkosmetik aus dem Hause WALA (anthroposophische Arzneimittel); biologisch-dynamischer Anbau; „rhythmische" Verfahren; Spiritualität; Kosmetik mit Beipackzettel.
Konflikt: Es stehen sich eine (natur)-wissenschaftliche und spirituelle Weltanschauung semantisch gegenüber.
3. **Spannungskonstrukt**
Name/Label: Natur vs. Stil
Meta-Info: Natürliche Inhaltsstoffe (Naturkosmetik); keine Tierversuche; hochwertiges, schlichtes Verpackungsdesign; Naturbelassenheit; Natürliche Schönheit;
Konflikt: Es stehen sich Natürlichkeit und Ästhetik semantisch gegenüber.

4.4.2   Konfliktbewertung

Bisher wurde das Datenmaterial gesammelt und auf existierende semantische Konflikte analysiert. Im Folgenden soll der Versuch unternommen werden, die Konflikte auf ihre Eignung für die strategische Markenführung zu bewerten. Anhand von zwei Kriterien – des Dissonanzfaktors und des Relevanzfaktors – sollen Spannungskonstrukte für die strategische Markenführung betrachtet werden. Dabei wird auf der einen Seite die potenzielle Durchschlagkraft, also die Dissonanz eines Spannungskonstrukts, bewertet. Auf der anderen Seite wird die Anschlussfähigkeit beurteilt, also wie relevant ein Spannungskonstrukt ist. Die Bewertung von Spannungskonstrukten anhand der Faktoren Dissonanz und Relevanz erlauben es, die Konstrukte nach Brauchbarkeit zu filtern. Die gefilterten Konstrukte bilden eine Auswahl, aus der Lösungen für Kommunikationsmaßnahmen synthetisiert werden können.

4.4.2.1   Dissonanzfaktor

Der *Dissonanzfaktor* bewertet, wie sehr konfliktträchtig die Spannungskonstrukte in Bezug auf den Markt wahrgenommen werden. Grundlage der Bewertung ist auch hier zunächst der Konflikt, der zur Bewertung zum Faktor Dissonanz kon-

vertiert wird. Hierbei geht es um die qualitative Überprüfung der Spannungskonstrukte. Gefragt ist, wie weit entfernt, also wie semantisch dissonant ein Spannungskonstrukt zum Markt liegt. Anders ausgedrückt: wie abweichend, wie disruptiv
oder wie neu sind die Spannungskonstrukte im Hinblick auf die in der Kategorie
geltenden Marktgesetze. Der Disruption-Ansatz, der bereits in Kap. 3 beschrieben
wurde, arbeitet ebenso nach diesem Schema.

4.4.2.2 Relevanzfaktor

Im zweiten Schritt soll der *Relevanzfaktor* bewertet werden. Dieser folgt der Überlegung, dass für eine potenzielle Thematisierung eines Spannungskonstrukts auch
eine Art von Kommunikations-Plattform in der Konsumentenrealität vorhanden
sein muss. Das bedeutet im weitesten Sinne Öffentlichkeit, Teilöffentlichkeit oder
mögliche Dialoggruppen. Kommunikations-Plattformen können aber auch physische Räume, reale Events oder ähnliche Phänomene darstellen.

Mit der Relevanzanalyse wird bewertet, inwieweit die Spannungskonstrukte
eine kommunikative Plattform besitzen. Nur so lässt sich abschätzen, ob Inhalte
anschlussfähig sind oder nicht. Nicht anschlussfähige Spannungskonstrukte wären
für den Markenführungsprozess nicht zielführend, da davon auszugehen ist, dass
sie keine neuen Konsumentengeschichten generieren. Ob ein Spannungskonstrukt
relevant ist, lässt sich also zum einen daran ablesen, inwieweit für dieses Konstrukt
potenzielle Anschlussthemen und Öffentlichkeit denkbar wären. Es sind somit
Spannungskonstrukte, die Themen zugeordnet werden können, die bereits eine
Plattform in Form von Berichterstattung in den Massenmedien oder Ähnlichem
haben. Zum anderen können Spannungskonstrukte, die aufgrund ihrer neuen und
einzigartigen Konfiguration keinen direkten Anschluss an die Öffentlichkeit finden, auf ihr Meinungsführerpotenzial hin untersucht werden. So soll sichergestellt
werden, dass außergewöhnliche Inhalte berücksichtigt werden, auch wenn (noch)
keine Anschlussfähigkeit vorliegt.

Im Hinblick auf die Anschlussfähigkeit innerhalb der „breiten Masse" sollte
zunächst untersucht werden, welche Themen das Label des Konstrukts impliziert.
Gibt es Themen auf der öffentlichen Agenda, an die das Konstrukt anzudocken
ist? Ebenso können die in dem Spannungskonstrukt enthaltenen Konflikte auf Anschlussfähigkeit in der Öffentlichkeit untersucht werden. Zudem muss analysiert
werden, ob die im Konstrukt beschriebene Lösung für die Öffentlichkeit Relevanz
haben könnte. Darüber hinaus müssen die Meta-Infos im Spannungskonstrukt
nach potenzieller Anschlussfähigkeit durchsucht werden. Enthalten die Spannungskonstrukte Konstellationen, die Urkonflikte berühren, werden also Werte
verhandelt, die das universal Menschliche berühren (Gerechtigkeit/Ungerechtig-
keit, Liebe/Hass etc.), kann davon ausgegangen werden, dass eine breite und sogar

kulturübergreifende öffentliche Anschlussfähigkeit generiert werden kann. Diese bereits in Mythen verhandelten Konflikte haben wir in Kap. 3 näher erläutert.

An diesem Punkt muss aber beachtet werden, dass Medien in Bezug auf ihre Wirkung nicht überbewertet werden sollten, denn die veröffentlichte Meinung bildet die öffentliche Meinung nicht immer ab, worauf Noelle-Neumann mit der Theorie der Schweigespirale bereits 1980 hingewiesen hat (vgl. Noelle-Neumann 1980). Zudem ist möglich, dass sich eine Anschlussfähigkeit in der breiten Öffentlichkeit erst in Zukunft ergibt. Nach Luhmann durchlaufen auch Themen eine Karriere. Den Lebenszyklus eines Themas beschreibt Luhmann in vier Phasen. Die *latente Phase* ist die Phase der Insider. Das Thema ist nur für Eingeweihte sichtbar, aber noch nicht verhandlungsfähig. Es fehlen die Anknüpfungspunkte im öffentlichen Diskurs. Die *Durchbruchsphase* beschreibt den Grundstein des öffentlichen Interesses. Hier widmen Multiplikatoren dem Thema ihre Aufmerksamkeit und Ressourcen. Die dritte Phase nennt Luhmann *Modephase*. Das Thema gewinnt an Popularität und öffentlicher Resonanz. Die Zahl der Anhänger wächst und das Thema wird zum Mainstream. Die letzte Phase in der Karriere eines Themas nach Luhmann lautet *Ermüdungserscheinungen und Tod eines Themas*. Das Thema verliert seine Anziehungskraft und versteinert zu einer zeremoniellen Größe (vgl. Luhmann 1979). Sollten also Spannungskonstrukte nicht das Potenzial haben, sofort ausreichend breit Anschluss zu finden, müssen sie nicht gleich verworfen werden. Es können Teilöffentlichkeiten, zum Beispiel Szenen etc., gefunden werden, für die das Spannungskonstrukt anschlussfähig ist. Eine Studie von Wanta und Wu (vgl. 1992, S. 848) stellt heraus, dass interpersonale Kommunikation durchaus fähig ist, die Medien-Agenda mit „Non Media Issues" zu beeinflussen. Diese Beeinflussung wird angetrieben von diskussionsaffinen Personen, denen ein Ungleichgewicht in der Medienberichterstattung bewusst ist und die dieses Missverhältnis durch entsprechende Themen auszugleichen suchen. Wenn also selbst für ein Spannungskonstrukt auf den ersten Blick keine breite Öffentlichkeit denkbar ist, könnte das zu bewertende Spannungskonstrukt auf anderem Wege ein Anschlussthema generieren und so Öffentlichkeit finden. Die Anschlussfähigkeit eines Spannungskonstrukts kann sich daher auf eine sehr kleine Teilöffentlichkeit beschränken. Diese Teilöffentlichkeit kann sich in Form von Szenen oder anderen schwer zugänglichen Gemeinschaftsformen darstellen. Oftmals sind Themen für Unternehmen besonders spannend, die nur von einigen wenigen Meinungsführern verhandelt werden (vgl. Mathews und Wacker 2002).

Eine Szene als neue Form der Vergemeinschaftung charakterisiert sich durch die Verführung jedes Einzelnen zur Teilhabe. Szenen gründen sich in der Übereinstimmung von Neigungen, Vorlieben und Leidenschaften und äußern sich im Konsens über Verhaltensweisen, die jeweils als „richtig" angesehen werden. „Szenen

[sind] thematisch fokussierte kulturelle Netzwerke von Personen, die bestimmte materiale und/oder mentale Formen der kollektiven Selbststilisierung teilen und Gemeinsamkeiten an typischen Orten und zu typischen Zeiten interaktiv stabilisieren und weiterentwickeln" (Hitzler 2005, S. 20). Jede Szene hat ihr zentrales Thema. Dieses zentrale Thema löst einen bestimmten Lifestyle ausund führt zu gruppenspezifischen Sprachgewohnheiten und Umgangsformen, an bestimmte Treffpunkte und zu bestimmten Events.

Ein globaler Ansatz ist, zunächst zu untersuchen, ob das Spannungskonstrukt eine konträre Position in der Öffentlichkeit hat, was wiederum Anschluss an eine entsprechende Antithese einer Szene haben könnte. Weitere Ergebnisse liefern Analysen analog zu der oben beschriebenen Vorgehensweise zur Suche nach Anschlussfähigkeit in der Öffentlichkeit. Was implizieren das Label, die ihm innewohnenden Konflikte, die jeweiligen Lösungsansätze sowie die Meta-Infos? Sind entsprechend Implikationen vorhanden für potenzielle Plattformen, auf denen das Konstrukt „gespielt" werden könnte? Gibt es also bestimmte Neigungen, Verhaltensweisen, materielle/mentale Formen der Selbststilisierung, die irgendwie mit dem Spannungskonstrukt zusammenhängen? Gibt es virtuelle, physische Orte, typische Zeiten oder Sprachen, Umgangsformen, die die Szene ausmachen und die auch im Spannungskonstrukt in irgendeiner Weise enthalten sind?

4.4.2.3 Dissonanz-Relevanz-Analyse am Beispiel Dr.Hauschka
Sobald wir die drei Spannungskonstrukte

1. Bodenständigkeit vs. Glamour
2. Glaube vs. Wissenschaft
3. Natur vs. Stil

einer Dissonanz-Relevanz-Analyse unterziehen, merken wir, dass Spannungskonstrukt zwei für die strategische Markenführung am besten geeignet ist. Jedoch sollten die beiden anderen Spannungskonstrukte nicht von vorneherein ausgeschlossen werden. Unter Umständen eignen sich gleich mehrere Spannungskonstrukte für die Bedeutungsgenese des nächsten Schritts. Im Hinblick jedoch auf den Dissonanzfaktor setzt sich „Glaube vs. Wissenschaft" am stärksten von den Wettbewerbern innerhalb des Kosmetikamarktes ab. Zudem zeigt der Relevanz-Faktor, dass das Spannungskonstrukt national und international sehr anschlussfähig ist. In Zeiten globaler Finanz- und Bankenkrisen ist eine allgemeine Hinwendung zum Spirituellen sehr stark wahrnehmbar. So benennt beispielsweise Monica Duffy Toft in Ihrem Buch „God's Century. Resurgent Religion and Global Politics" einen globalen Trend zu Religion und Spiritualität. Die amerikanische Politikwissenschaftlerin prophezeit, dass Religion machtvoll in die Weltpolitik zurückkehre. Und das nicht nur in Entwicklungsländern, in denen sich aufgrund von Mangel und fehlender Aufklärung mythisches Denken hält. Auch in der westlichen Gesellschaft sei dieser Trend feststellbar, denn erst die Befriedigung der Grundbedürfnisse ermögliche es, sich mit dem Höheren wirklich auseinanderzusetzen.

4.4.3   Zwischenfazit

Sobald die in der Phase der Konfliktinterpretation aus Konsumentengeschichten extrahierten Spannungskonstrukte bewertet worden sind, gilt es, sie als Grundlage oder auch als Bausteine für Kommunikationsmaßnahmen im weitesten Sinne zu verwenden. Die Spannungskonstrukte müssen im nächsten Schritt synthetisiert werden. Wie bereits beschrieben, darf die Auswahl von Teilöffentlichkeiten, die hinter öffentlichen Themen stehen, nicht als Zielgruppendefinition verstanden werden. Ebenso verhält es sich bei potenziellen Vergemeinschaftungen oder Szenen, an die das Thema anschließt. Es handelt sich bei der beschriebenen Vorgehensweise lediglich um eine *Potenzialanalyse*, also um ein Konzept, das tragfähige von weniger tragfähigen Spannungskonstrukten unterscheiden soll. Was letztlich als Kampagne, als Maßnahme herauskommt, steht auf einem völlig anderen Blatt. Klar muss auch sein, dass diese Konstrukte nicht ewig halten. Denn wie bereits ausreichend beschrieben, sind Markenumfeld und die Marke selbst extremen Veränderungsprozessen unterworfen.

4.5   Narrative Brand Planning – Schritt 3 „Bedeutungsgenese"

Die bisherigen Abschnitte zeigen, wie der Konflikt als ein wesentlicher Bestandteil von „guten Geschichten", die sich Konsumenten rund um Marken erzählen, erhoben, analysiert und interpretiert werden kann. Das Ergebnis dieser Erhebungs- und Interpretationsschritte sind strategisch tragfähige Spannungskonstrukte. In einem nächsten Schritt muss, ganz im Sinne der Dialektik Hegels, aus dem Konflikt, also aus These und Antithese, eine *Synthese* erstellt werden. Wie bereits beschrieben, kann diese Synthese nur durch Narration, also die Einbettung des Konflikts in narrative Strukturen geschehen. Diese narrativen Strukturen führen dazu, dass der Rezipient die Lösung des Konflikts als Ausgang der Geschichte kennenlernen will.

4.5.1   Das Creative Brief wird zum Narrative Brief

Marken sind keine statischen, technischen Objekte, sondern komplexe Bedeutungskonstrukte. Am besten lassen sich Marken als kommunikative Phänomene beschreiben, als die Summe aus unzähligen Geschichten zwischen Konsumenten, bei denen sie stattfinden – oder eben auch nicht. „Der Wettbewerb findet also nicht abstrakt ‚am Markt', sondern ganz konkret in den ‚Köpfen der Kunden' statt. […] Die Marke ‚gehört' sozusagen den Konsumenten, weil sie es als Kunden sind, die eine Marke nutzen und sie erleben, für sich interpretieren, sie mit weiteren Marken vergleichen und ihre Erfahrungen und Phantasien mit anderen Konsumenten teilen. Wie eine Marke tatsächlich gesehen wird, hat oftmals wenig mit den Wunschvorstellungen zu tun, die in den Köpfen der Manager als Markenkern existiert" (Liebl und Mennicken 2005, S. 15).

Das *Narrative Brief* übersetzt die Marke in das älteste und wichtigste menschliche Bedeutungskonzept, nämlich die Geschichte. Die Geschichte als strategisches Instrument der Markenführung soll helfen, verschiedenste Kommunikationsdisziplinen und Abteilungen in den strategischen und kreativen Markenführungsprozess einzubinden. Vor dem Hintergrund der komplexen Herausforderungen, vor denen die Markenführung steht, bedarf es eines gemeinsamen Strategie-Papiers. Auf der einen Seite verstehen wir das Narrative Brief als strategisches Grundlagenpapier, als eine Art Commitment zwischen Marketing-Akteuren. Der Konflikt, also der „Motor" der Markenbedeutung, wird im Kleide einer Geschichte in einen Bedeutungskontext gestellt. Der Konflikt bekommt durch die Geschichte eine Art Laufrichtung. Das Narrative Brief formuliert diese strategische Laufrichtung.

Auf der anderen Seite verstehen wir das Narrative Brief auch als ein Tool für den kreativen Prozess, der zwischen Werbe- und Kommunikationsagenturen sowie den Marketing-Abteilungen der markenführenden Unternehmen verhandelt wird. Das, was Agenturen unter dem Begriff „Creative Brief" verstehen, trifft auch auf das Narrative Brief zu. Es muss helfen, die kreative Schlagkraft der Auftragskommunikation zu entfalten. Gelungene Markenkommunikation verstehen wir als die strategische Herausforderung der Markenführung. In unserem Prozess des Narrative Brand Plannings dient das Narrative Brief auch als Sprungbrett für weitere Ideen und zur Maßnahmengenerierung. Bei den Maßnahmen geht es aber nicht um altbackenes analoges Storytelling, sondern um die strategische Grundlage dafür, dass die Marke live stattfinden kann – und das nicht nur im Web, in Social Networks, sondern auch beim Bäcker und auf dem Bolzplatz. Agenturen sind Orte, wo dieser kreativ-strategische Diskurs im Sinne der Markenführung geführt wird.

Aber warum bedarf es mit dem Narrative Brief eines neuen Formats, einer neuen Begrifflichkeit? Das Narrative Brief sucht hier zwar den Schulterschluss, denn auch das Creative Brief versteht sich als Strategie-Papier, oftmals sogar als das große Finale der strategischen Planung in Agenturen (vgl. Duckworth 1997, S. 147). Das Narrative Brief ist ebenfalls das Ergebnis eines strategischen Prozesses, arbeitet jedoch in einem Punkt grundlegend anders. Ein gutes Creative Brief versucht, die Komplexität so zu reduzieren, dass sich eine einzige, zwingende Idee herauskristallisiert. „The centrepiece of every brief is the ‚proposition' or main thought which describes the essence of what we want to communicate. The key to good proposition writing is to keep the proposition brief, singleminded and simple" (Duckworth 1997, S. 158). Die Idee des „singleminded briefs" unterliegt der Logik, dass strategische Prozesse keine Kreationsprozesse sind. „Briefs come from the logical analytical area of life, but advertising communication is a process that goes beyond the rational, that uses symbols and emotional understanding, so a good advertising idea inherently uses non-logical processes. A good idea emerges out of the brief, synthesizes it, and goes beyond it. Creative people have to generate original ideas on the back of thinking done by other people" (Duckworth 1997, S. 166). Die Formulierung des Narrative Briefs stellt jedoch bereits einen entscheidenden Kreationsprozess dar. Das Narrative Brief übersetzt komplexe strategische Überlegungen zwar auch in eine simple Geschichte, bei der Geschichte geht es aber nicht darum, Komplexität zu reduzieren, sondern mithilfe des Konflikts als mehrwertigen Zustand Komplexität aufzubauen. Alex Wipperfürth, Marketing-Avantgardist und Autor, beschreibt in seinem Buch „Brand Hijack – marketing without marketing", dass spannende und erfolgreiche Marken gerade diese Komplexität innehaben. Wipperfürth sieht in dieser Komplexität einen wichtigen strategischen Vorteil, weil sie die Chance birgt, Spannung zu erzeugen, damit Neugierde zu wecken und letztendlich Partizipation anzuregen. „Once of marketing's immutable laws has been to keep things simple. To keep them single-minded, focused. […] [But] every brand with a deeper meaning has a timeless story to tell, a hundred different ways of telling it, and millions of willing participants to enhance this story […] Hence the advantage […] lies in their complexity" (Wipperfürth 2005, S. 84). Klassische strategische Kommunikationsplanung unterliegt oftmals der Gefahr, analytische und logische Konzepte überzubewerten und damit die tatsächliche Schlagkraft der Auftragskommunikation aufs Spiel zu setzen. Das Creative Brief schränkt oftmals vollkommen unbekannte Möglichkeitsräume ein. Dies führt zu Monothematik und zu Plattitüden, wie wir sie aus der klassischen Markenkommunikation kennen, in der keine Widersprüche und Unschärfen zugelassen sind. Obwohl gerade widersprüchliche, konfliktäre Themen einen höheren Nachrichtenwert haben und damit besser auf die öffentliche Agenda gelangen (vgl. Schulz 1994, S. 330). Auch die Unschärfe einer Markenpersönlichkeit kann dazu führen, dass sie, gerade weil sie sich nur vage zeigt, das Interesse der Öffentlichkeit weckt (vgl. Liebl 2006b, o. S.).

Das Narrative Brief muss als Ergebnis von Strategie- und Kreationsprozessen verstanden werden. Markenkommunikation bewegt sich heute weit außerhalb klassischer Werbevorstellungen. Nicht allein die Anzahl der Kommunikationskanäle hat zugenommen, auch die Fragmentierung der Märkte und Konsumenten stellt die klassischen Werbeagenturen vor bisher ungelöste Probleme. Wichtig ist jedoch, dass eine Idee der ‚singleminded' -Strategie dieser offensichtlichen Pluralität schlichtweg nicht gewachsen sein kann. Das Creative Brief verliert so seinen Anspruch, das wichtigste Werkzeug strategischer Markenführung der Agenturen zu sein. Schon aus diesen Gründen erscheint ein arbeitsteiliger Prozess, der zwischen Strategie und Kreation trennt, wie ein Relikt aus alten Zeiten.

4.5.1.1 Aufbau

Der folgende Teil beschäftigt sich mit der konkreten Ausgestaltung des Narrative Briefs. Das Narrative Brief stellt das Grundlagenpapier für die Maßnahmenkreation dar. Der zentrale Nutzen der Überlegungen liegt in einer praktischen Anleitung und dient als Inspirationsquelle für das Marketing, die Markenführung und für die Markenkommunikation. Mit einer Marke als kommunikativem Phänomen, können letztendlich alle Aktivitäten Einfluss auf dieses ausüben. So ist durchaus vorstellbar, dass das Narrative Brief beispielsweise ebenso die Produktentwicklung anleitet, wie auch Briefing-Papier für Kommunikationsagenturen sein kann. Demnach soll das Narrative Brief idealerweise alle Marketingaktivitäten inspirieren. Die Stärke des Narrative Briefs liegt in der Verhandelbarkeit zwischen unterschiedlichen Akteuren in der Organisation. Zunächst erfolgt ein grober Überblick über alle „Pflichtelemente", gilt es doch im Sinne der Organisation und Planung, die Marke in eine Geschichte zu übersetzen. Das Narrative Brief hat zum Ziel, reale Handlung innerhalb der jeweiligen Organisation zu erzeugen. Don't tell a story, be a story! Damit dies geschieht muss das Narrative Brief so robust gestaltet sein, dass es verschiedenste Diskurse und Diskussionen innerhalb der Organisation auch überlebt. Es gilt also mit einer gewissen Offenheit zu operieren, um gleichzeitig jedoch das, was eine spannende Marke im Sinne des NBPs in ihrem Innersten zusammenhält, präzise und haltbar auszuformulieren. Dies führt zur zentralen Frage:

Welche universelle Wahrheit verteidigt die Marke in welchen Welten?

Dies ist die Leitfrage, die einerseits der Markenführung zu stellen ist, um sie andererseits mit praktikablen Antworten für die Markenkommunikation zu versorgen. Aus dieser Aufgabenstellung ergeben sich zwei Pflichtbestandteile des Narrative Briefs:

1. Wie lautet die universelle Wahrheit, die sich aus den Spannungskonstrukten ergibt?
2. In welchen Welten, d. h. Märkten gilt es, diese Wahrheit zu verteidigen bzw. für sie einzustehen?

A. Universelle Wahrheit

Die universelle Wahrheit ist die *raison d'être* der Marke. Ohne sie wissen wir nicht, warum sie existiert, ohne sie wissen die Menschen nicht, warum sie an sie glauben sollten, warum sie sie überhaupt kaufen sollten. Ohne die universelle Wahrheit funktioniert überdies keine Geschichte. Bei Narrative Brand Planning hat jede Marke ihre eigene universelle Wahrheit. Diese wird aus den Spannungskonstrukten der Marke herausgeschält und ausformuliert, um der Markenführung als Prämisse und Handlungsanweisung dienen zu können. Dabei ist die Prämisse im Grunde die Vorwegnahme des Ergebnisses, das durch die Handlung erreicht werden soll. Anderes ausgedrückt: Die universelle Wahrheit formuliert als Prämisse, ist sozusagen der heilige Grahl des Narrative Brand Planning, sie muss immer und zu jedem Zeitpunkt bewiesen werden können.

Denken wir erneut an unser Beispiel Dr. Hauschka: Welche universelle Wahrheit lässt sich in diesem Fall herausarbeiten. Welche universelle Wahrheit gilt es, zu verteidigen? Führen wir uns nochmals das Spannungskonstrukt Glaube vs. Wissenschaft vor Augen, also die spannenden Geschichten zwischen Alchemie, Wissenschaft und Naturgeheimnissen, zwischen anthroposophischer Wissenschaft, Luxus und Schönheit. Welche universelle Wahrheit gilt es, für eine Naturkosmetik-Marke aus Bad Boll zu verteidigen? Im Sinne einer spannenden Geschichte agiert die Marke Dr. Hauschka unter der Prämisse, dass der Weg mit der Natur, der einzige ist, der in die Zukunft führt: Die Natur als Vorbild für Prozesse und Abläufe und als schützenwerte Wahrheit, die es zu verteidigen gilt.

B. Welten

Was macht jetzt eine Wald-und-Wiesen-Marke aus dem Schwäbischen zu einer spannenden internationalen Marke und zu einer Erfolgsgeschichte? Allein der Glaube an die Natur als die universelle Wahrheit reicht nicht aus. Es gilt jetzt, den entscheidenden Schritt in Richtung Handlung zu gehen, um für diese universelle Wahrheit in einer geeigneten Welt einzustehen. Dafür müssen zunächst geeignete Zielwelten definiert werden. Wir verstehen Zielwelten als neue Märkte, welche nach anderen Gesetzmäßigkeiten funktionieren als die universelle Wahrheit. Oder anders ausgedrückt, eine Welt, in der die universelle Wahrheit Mobilisierungspotenzial entwickelt. Die Marke als Held muss sich eine Welt suchen, in der sie sich als Held beweisen kann. Wir müssen uns also wegbewegen von einer konventionellen hin zu einer narrativen Marktbetrachtung.

Es gibt unzählige Ansatzpunkte, auf konventionelle Weise Märkte konzeptionell zu definieren und abzugrenzen, ein kurzer Blick in Wikipedia genügt, um einen Einblick in diese Vielfalt zu erlangen:

- Anbieter (z. B. „Energiemarkt": alle Anbieter, die Energie produzieren bzw. vertreiben)
- Nachfrager (z. B. „Markt aller unvermögenden Privatkunden": alle Nachfrager, die ein unterdurchschnittliches Vermögen haben)
- Produkte (z. B. „Markt für Freizeitaktivitäten": alle Produkte/Dienstleistungen, die mit Freizeitgestaltung zu tun haben)
- Bedürfnisse (z. B. „Markt für Sicherheit": alle Bedürfnisse, die Sicherheit herstellen oder ein Sicherheitsgefühl erzeugen)

Im Hinblick auf Differenzierung ist es nicht nur aus ökonomischer, sondern auch aus narrativer Sicht sinnvoll, sich mit einem Angebot in einem Markt zu begeben, in dem der Wettbewerbsdruck in Bezug auf das Angebot noch nicht allzu hoch ist. Wichtig dabei ist, sich klar zu werden, dass Marken nicht nur auf rational-funktionaler Ebene im Wettbewerb stehen. Als narrative Phänomene müssen Marken als Identifikationsangebote für Menschen verstanden werden. Marken konkurrieren weniger auf funktionaler Ebene z. B. Creme vs. Creme, sondern auf einer Bedeutungsebene. Dabei ist entscheidend, welche Haltung der Mensch durch Kauf und Verwendung der Marke zum Ausdruck bringen kann. Dies zugrunde gelegt, wird verständlich, dass die Marke Dr.Hauschka in einem Haltungsmarkt agiert. Sie steht in einem *Bedeutungswettbewerb* mit Marken, welche eine ähnliche Haltung versprechen. So kann Dr.Hauschka beispielsweise in direkter Konkurrenz zu hochwertigem, mit Bergkristallen gefilterten Mineralwasser stehen, nicht aber mit NIVEA. Die Menschen und Verwender verfügen über ein begrenztes Budget und leisten sich bewusst Marken, die ihr Bedürfniss nach Haltung befriedigen, sie treffen eine Auswahl. Diese kann auf Dr.Hauschka Produkte fallen oder auf Luxusmineralwässer. Allein aufgrund von rationalen Produktversprechen ist jedoch schwer vorstellbar, dass jemand, der stets zufrieden mit NIVEA war, sich von heute auf morgen Dr.Hauschkas Quittenpflegeserie zuwendet.

Unzureichendes Marktverständis und unzureichende Wettbewerbsbeobachtung kann zu Stagnation und Übersättigung führen. Narrative Brand Planning operiert in diesem Zusammenhang mit einem Welten-Modell, bei dem es stets aufs Neue entscheidend darauf ankommt, strategische Zielwelten zu identifizieren, in denen die Marke mit ihrer Haltung tatsächlich noch Bedürfnisse befriedigt. Dr.Hauschka ist es in den vergangenen Jahrzehnten gelungen, den Markt der Naturkosmetik maßgeblich mitzuprägen und sich eine bedeutende Stellung zu erarbeiten. Zwischenzeitlich hat sich die Marke Dr.Hauschka sogar zu einer internationalen Premium Kosmetikmarke entwickelt. Besonders zu verdanken hat dies Dr.Hauschka dem Umstand, dass prominente Hollywood Schauspieler sich freiwillig als Dr.Hauschka Fans bekannt haben. Gleichzeitig öffnete sich Dr.Hauschka einer neuen Zielwelt und erweiterte die Distribution. Dr.Hauschka verkauft inzwischen nicht mehr nur im Bio-Fachhandel sowie Apotheken, sondern auch in großen Premium Department Stores wie beispielsweise dem Berliner KaDeWe. Aus der Perspektive des Narrative Brand Planning hat sich Dr.Hauschka eine neue Zielwelt gesucht, in der es sich noch lohnt, für die universelle Wahrheit des natürlichen Weges zu kämpfen. Die Kokurrenzsituation im KaDeWe ist eine ganz andere als im Biofachhandel….

Marken müssen also ihre universelle Wahrheit in eine Welt tragen, in der sie strahlen können. In Märkte, in denen nicht bereits Wettbewerber diese Wahrheiten verhandeln. In Märkte, die auf den ersten Blick sogar feindlich erscheinen können. Dann begeht die Marke eine Grenzüberschreitung, die einen Konflikt auslösen und damit zu Geschichten führen kann, welche wiederum die Position der Marke festigen.

4.5.2 How to play with story – kreative Sprungbretter zur Maßnahmenentwicklung

Aus dem Zusammenspiel von universeller Wahrheit und neuer Zielwelt entsteht ein narratives Phänomen, die Geschichte gewinnt an Fahrt durch reale Handlung bzw. Grenzüberschreitung. Im Zuge dessen ist es der Geschichte gelungen, sich von einzelnen Medien abzulösen: Sie lässt sich transmedial über alle Marketingebenen erzählen.

Die universelle Wahrheit verteidigt man am besten, wenn die Produkte der Marke selbst von dieser Wahrheit erzählen. Dabei können diese, also ihre Beschaffenheit und Konfiguration, Einstiegspunkte in die übergeordnete Geschichte der Markedarstellen.

4.5.2.1 Snippet: Dr.Hauschka als Unisex-Marke

Beispielsweise verkauft Dr.Hauschka alle Produkte als Unisex-Produkte. Dieser Umstand ist der übergeordneten Wahrheit verpflichtet, dass die Natur zwar unterschiedliche Hautbilder hervorbringt, jedoch Männer- und Frauenhaut ein und dasselbe Organ darstellen. Besonders in der Kosmetik kennt man die Gender-Kennzeichnung. Der Zusatz *For Men* ist seit gut einem Jahrzehnt besonders beliebt, um vermeintlich neue Produkte einer weiteren Zielgruppe zugänglich zu machen – und das, obschon sich nur die Duftkomponenten verändert haben. Indem Dr.Hauschka aber auf eine eigene Männerserie verzichtet, steht die Marke für ihre universelle Wahrheit ein: Dr.Hauschka orientiert sich an der Natur, und zwar ausschließlich an der Natur – und nicht etwa an einer Marketing Segmentierung.

4.5.2.2　Snippet: Dr.Hauschka und die Nachtpflege

Ein weiteres schönes Beispiel dafür, wie Produkte von der universellen Wahrheit einer Marke berichten, ist das Nachtpflege-Programm von Dr.Hauschka. Nachtpflege ist in der Kosmetik ein verführerisches Thema, lässt sich doch zusätzlich zum Tagesprogramm eine komplett neue Pflegeserie vermarkten: „Die Pflege für die Nacht". All das geschieht unter dem Vorwand, dass die Haut nachts aufwändigere Kosmetik bräuchte als am Tag! Das mag vielleicht bei Chanel oder Dior so sein – wenn man bereit ist, die Nacht als Ort und Zeit für Sinnlichkeit und Verführung zu verstehen. Nicht so bei Dr.Hauschka. Hier gilt weiterhin die Prämisse, dass die Natur das Vorbild und das Leitbild ist: Nachts braucht der Mensch genau so wie die Natur in erster Linie Ruhe und Kraft für die hauteigene Regeneration. Die Nachtpflege von Dr.Hauschka unterstützt dabei die hauteigenen Regenerationskräfte, indem sie gerade auf Cremes und Zusatzstoffe verzichtet. Weniger ist hier mehr! Lediglich eine wässrige Pflege wird nach der Gesichtsreinigung aufgetragen und bereitet die Haut so auf die wichtige Zeit der nächtlichen Regeneration vor. Jede Frau und jeder Mann, der sich für die Nachtpflege von Dr.Hauschka entscheidet, entscheidet sich bewusst für den Weg der Natur. Dr.Hauschka führt die Menschen konsequent zurück zum Rhythmus der Natur und beweist mit jedem einzelnen Produkt die Prämisse der Marke, ohne dies extra aussprechen zu müssen.

4.5.2.3　Snippet: Dr.Hauschka und die Sonnencreme

Seit 2006 existiert eine neue EU Richtlinie für den Verkauf von Sonnenschutz in Deutschland. Diese Richtlinie stellt deutlich höhere Anforderungen an die Schutzwirkung und den Lichtschutzfaktor von Sonnencremes. Diese neuen Anforderungen lassen sich aber nur durch den Zusatz von chemischen Inhaltsstoffen erfüllen. In dem natürlichen Sonnenschutz von Dr.Hauschka sind jedoch nur mineralische Pigmente, d. h. pysikalische UV-Filter verabeitet. Dieser Sonnenschutz, ein durchaus wichtiger Ertragsbringer, hätte nur durch den Zusatz von chemischen Filtern die neue EU Richtlinie einhalten können. Dr.Hauschka hat deshalb die Sonnencreme kurzerhand aus dem Sortiment genommen. Auch auf diese Art und Weise, durch Verzicht auf Anpassung und damit auf Umsatz, hat Dr.Hauschka seine universelle Wahrheit verteidigt und den Kunden eindrucksvoll die Prämisse der Marke bewiesen.

4.5.2.4　Snippet: OSRAM bringt Licht in die Welt

Am Beispiel OSRAM möchten wir kurz illustrieren, wie mittels Narrative Brand Planning reale Handlungen gezeitigt werden können. Das kann nämlich auch ganz einfach sein bzw. von vorne herein auf der Hand liegen. Dieses Beispiel möchten wir kurz und holzschnittartig darstellen, ohne auf Vollständigkeit zu achten. Es geht uns hierbei nicht um die Details der Planung, sondern darum aufzuzeigen, wie mittels NBP die Kernidee, bzw. die Kerngeschichte sehr schnell erfasst und definiert werden kann.

Jeder kennt OSRAM. Die OSRAM AG ist ein weltweit führendes Unternehmen und hat ihren Firmensitz in München. Seit 1978 ist sie ein Tochterunternehmen der Siemens AG, das Leuchtmittel unter dem Markennamen OSRAM produziert und verbreitet. Ebenso möchten wir Schritt 1 und 2 hier nicht weiter beleuchten, sondern wählen eine einfache und schnelle Abkürzung von einem einfachen „Spannungskonstrukt" hin zu einer einfachen universellen Wahrheit.

OSRAM und der Wettbewerb – hier herrschen generische Markttreiber. Stets geht es einzig um Glühbirnen und weitere Leuchtmittel, um Langlebigkeit, um einfache Handhabung – neuerdings um Effizienz und Ausbeute, um Lichtfarben und ums Energiesparen. Hier tummeln sich die Hersteller – der Markt ist klar definiert. Betrachten wir den Fall OSRAM durch unsere narrative Brille und wählen wir ein offensichtliches Spannungskonstrukt, aus dem wir eine einfache universelle Wahrheit formulieren, für die OSRAM nun einstehen wird: Es geht schlechterdings um Licht versus Dunkelheit. Wir sehen eine noch immer dunkle Welt, der es an Licht mangelt. OSRAM formuliert für sich folgende Wahrheit: die Welt braucht Licht, um eine bessere Welt zu werden. Diese Überzeugung möchte OSRAM zukünftig in ganz unterschiedlichen Märkten (Welten) vertreten.

4.5.2.5   Sprungbretter zur Maßnahmenentwicklung

Es gilt nun, Maßnahmenideen zu entwickeln. Spannende Maßnahmenideen sind ein Produkt von Kreativität. Dieser Schritt ist am schwierigsten zu formalisieren, denn letztlich sind es Ideen, die man bekommt, Einfälle, die einem einfallen. Was wir an dieser Stelle tun können, ist Sprungbretter zu bieten, die dabei helfen, narrativ zu denken, um so zu spannenden Handlungsideen zu kommen. Folgende Elemente möchten wir dazu vorstellen:

- Character
- Genre
- Conflict

Unterschiedliche *Charakter*eigenschaften des Helden führen zu unterschiedlichen Handlungen. Verschiedene *Genres* führen zu Handlungen, die unterschiedlicher nicht sein könnten. Betrachten wir den *Conflict*, kann er uns ebenso helfen, verschiedene Handlungsoptionen zu generieren – indem wir uns einen Konflikt setzen, den wir durch eine zu definierende Handlung erreichen wollen. Wichtig ist, dass diese Sprungbretter keinesfalls Einschränkungen darstellen, sondern ganz im Gegenteil dazu anregen sollen, kreativ zu sein, einzutauchen in die Welt der Geschichten und ihre Mechaniken: diese einzusetzen, mit ihnen wie auf Musikinstrumenten zu spielen, die durch ihre Beschaffenheiten die unterschiedlichsten Klänge hervorzubringen im Stande sind. Im Folgenden wollen wir die Sprungbretter einzeln vorstellen.

A. Character
A.1 Sprungbrett: Archetype Characters
Für die Entwicklung von Handlungsideen können wir uns aus einem Set an archetypischen Charaktermodellen frei bedienen. Diese können als Ausgangspunkt und Sprungbrett für die Konzeption dienen. Eine Kopplung der Typen sowie deren Aktualisierung, Anpassung oder Veränderung ist durchaus erwünscht. Zum anderen haben archetypische Charaktermodelle den Vorteil, dass sie äußerst stabil sind. Sie funktionieren oft kulturübergreifend und sind im kollektiven Gedächtnis der Menschen verankert. Dies ist insofern wichtig, als dass der Charakter im Kopf der Rezipienten schnellstmöglich entfaltet werden kann. Einfacher gesagt, ihre Konfiguration ist bekannt und das macht eine Identifikation wahrscheinlicher.

Mathews und Wackers bieten für die Konzeption verschiedene Archetypen an. Es folgt beispielhaft eine Auswahl, welche wir denkbar für die Konzeption des Narrative Briefs halten:

Der General – „Generals are great strategist and, when the need arises, great worriers. […] Modern versions of the story find the General at the rear of the troops – directing, making thousands of instant decisions, and getting ready to sacrifice a few of the troops for the greater good" (Mathews und Wacker 2008, S. 158).

Der Staatsmann – „The Statesman's story is that of individuals who are politically savvy and have their focus firmly directed on the future, their feet planted on the ground, and their eyes turned to the stars" (Mathews und Wacker 2008, S. 159).

Der Magier – „One of our favorite characters, the Alchemist/Wizard/Magician is an individual with the power to summon something from nothing or to create one thing out of something else, as in the transmutation of base metal into gold. This character is often portrayed as a hermit conjuror, a solitary mage who has the power to wrestle with the forces of nature alone, but who often is beholden to a power figure or society at large for support" (Mathews und Wacker 2008, S. 159).

Der Entdecker – „The Explorer plunges into the unknown just for the satisfaction of finding something nobody else has ever seen. The search itself is always the greatest part of the Explorer's reward" (Mathews und Wacker 2008, S. 159).

Der Trickser – „The story of the Trickster is the story of the changeling, the agent provocateur, the chameleon, who appears to be one thing but is really quite another" (Mathews und Wacker 2008, S. 160).

Der Hofnarr – „The Jester, of course, is the deadly serious clown, the only figure allowed to tell the king the truth or openly mock the court" (Mathews und Wacker 2008, S. 160).

Der gute Hirte – „The story of the Caretaker has a surprising amount of power. […] the classical model for this story is, of course, the pope, whose stated mission is to act as the shepherd of the flock until the big boss gets back" (Mathews und Wacker 2008, S. 160).

Desweiteren beschreiben Mathews und Wackers den „Weisen" und den „Künstler" als archetypische Charaktermodelle. Sicher, es lassen sich noch eine Vielzahl an Charakteren finden. Die Auswahl soll lediglich als Hilfestellung für den Start der Konzeption dienen. Überdies bedienen sie auch das Denken in Gegenspielern, in antagonalen Kräften. Antagonisten müssen Druck auf die Marke, den Protagonisten ausüben, sie müssen Hindernisse im Kampf um Wahrheit darstellen. „True character is revealed in the choice a human being makes under pressure" (McKee 1997, S. 101).

Denken wir nochmal an Dr.Hauschka und an das Beispiel von der Sonnencreme. Versetzen wir uns in die Lage, Handlungsideen für die Marke Dr.Hauschka zu generieren und auszugestalten. Als Ausgangspunkt dient uns die EU-Richtlinie, die uns vorschreibt, bestimmte synthetische Stoffe in unsere Sonnencremes mitaufzunehmen. Im Hinblick auf die Marke steht diese Vorschrift unserer Haltung, unserer Vorstellung von „universeller Wahrheit" entgegen. Wie helfen uns nun die Vorstellungen über archetypische Charaktere weiter? Unterschiedliche Charaktere, beispielsweise der „Weisen Alte" oder der „Krieger" führen zu vollkommen unterschiedlichen Maßnahmen. Der „Krieger" würde lautstark bis zum letzten Atemzug für seine Überzeugungen kämpfen. Der „Hofnarr" (Clown) würde eine „Nichtsonnencreme" auf den Markt werfen, groß auf die Verpackung drucken, dass die Creme laut EU unwirksam gegen UV- und UVA-Strahlung ist. Der „Weise Alte" würde wohl eher – und hier finden sich die Realitäten des Unternehmens wieder – stillschweigend die Produkte vom Markt nehmen und eine ruhige, aber kluge Erklärung dazu abgeben. Die besagten Realitäten in Form von Handlungsspielräumen geben hier zwar häufig den Charakter und seine Talente vor, im Gegenteil kann aber die Vorstellung von Charakter zu Handlungsideen und entsprechenden Tonalitäten führen.

B. Genre

Genre ist der Versuch, künstlerische oder auch journalistische Werke zu klassifizieren, Werke in Gattungen zu unterteilen. Zum einen prägen Stil und Technik das Genre eines Werks, zum anderen ist relevant, in welcher Epoche das Werk entstanden ist oder auf welche Epoche es sich bezieht. Historienmalerei und Stillleben sind Beispiele für Genres in der bildenden Kunst; Akt- oder Architekturfotografie solche der Fotografie. Drama und Komödie sind wohl die bekanntesten Genres des klassischen Theaters – Western, Liebesgeschichte oder Science-Fiction einige

des Films. Laut den US-amerikanischen Filmwissenschaftlern David Bordwell und
Kirstin Thompson ist Genre durch folgende Elemente definiert:

- durch das zentrale *Thema*,
- die Art und Weise der *Präsentation*,
- den *Plot* und
- die *Wirkung*, die erzielt werden soll, also *beispi*elsweise Spannung, Amüsement
  etc. (vgl. Bordwell und Thompson 2001, S. 95).

Diese Faktoren bilden bestimmte *Konventionen*, die wiederum das Genre ausmachen. D*ie Stärke des* Genres liegt aber nicht in seiner deskriptiven Kategorisie-
rungs- und Archivierungsfunktion. Es ist weniger wichtig, hinterher zu wissen, was
für einem Genre ein Film wohl zugeordnet werden könnte. Das jeweilige Genre ist
vielmehr wichtig für den gesamten Produktions- und Rezeptionsprozess. „While
scholars dispute definitions and systems, the audience is already a genre expert.
It enters each film armed with a complex set of anticipations learned through a
lifetime moviegoing. […] [The writer] must not only fulfill audience anticipations,
or risk their confusion and disappointment, but he must lead expectations to fresh,
unexpected moments, or risk boring them" (McKee 1997, S. 80). Die Konventionen
eines Genres beschäftigen somit Zuschauer und Filmemacher gleichermaßen. Das
Genre ist dabei niemals eine fixierte oder fixierbare Kategorie. Es unterliegt vielmehr ständigem Wandel, denn „filmmakers frequently play with conventions and
iconography, genres seldom remain unchanged for very long. The broader genres like thrillers, romances, comedies, and the like may stay popular for decades,
but exemplary comedy of the 1920s will be very different from one in the 1960s.
Genres change over history. Their conventions may change, and by mixing conventions from different genres, filmmakers create new possibilities every now and
then" (Bordwell und Thompson 2001, S. 97). Genre ist also eine komplexe drama-
turgische Gestaltungsperspektive, die nicht als Richtlinie verstanden werden darf,
sondern als Chance, als begrenzter Möglichkeitsraum. Genre muss als „creative li-
mitation" verstanden werden, das ähnlich inspirierend auf den Drehbuchautor wirken solle wie ein Reimschema auf einen Dichter (vgl. McKee 1997, S. 91). „Genres
are not static or rigid, but evolving and flexible, yet firm and stable enough to be
identified and worked with, much as a composer plays with the malleable move-
ments of musical genres" (McKee 1997, S. 86). Verglichen mit der herkömmlichen
Vorgehensweise, zum Beispiel mit einem Creative Brief, ist Genre noch am ehesten
mit dem Begriff Tonalität zu umreißen. Genre impliziert aber noch mehr. Wie bereits beschrieben, implizieren filmische Genrekonventionen das zentrale *Thema*,
die Art und Weise der *Präsentation*, den *Plot* und die erwünschte *Wirkung* beim

Rezipienten. Für die Arbeit mit *Genres* im Sinne des Narrative Brand Plannings ist es an dieser Stelle sinnvoll, zu überlegen, welche dieser Konventionen für die Konzeption brauchbar sind. So wir die Art und Weise der Präsentation außen vor lassen, ergeben sich drei Sprungbretter, die wir für die Konzeption nutzen können.

Mit Genre zu arbeiten ist sicherlich nicht einfach, denn Genre impliziert mehr, als sich auf den ersten Blick erschließt. Der Begriff impliziert Plot, Art und Weise der Präsentation und schließlich das Thema. Genre bietet eine Möglichkeit, unmittelbar mit dem anvisierten Publikum in Kontakt zu treten, denn es kennt sich mit dem Genre aus. Im Umgang mit Genre ist allerdings viel Kreativität gefordert (vgl. Eick 2006, S. 111). McKee beschreibt das Genre als Fenster zur Realität, durch das der Autor die Welt betrachten könne (vgl. McKee 1997, S. 93). „Rather then deny convention and flatten the story, the fine writer calls on convention like old friends, knowing that the struggle to fulfill is a unique way, he may find inspiration from the scene that will lift his story up above the ordinary. With mastery of genre we can guide audiences through rich creative variations on convention to reshape and exceed expectations by giving the audience not only what it had hoped for but, if we're good, more than it could have imagined" (McKee 1997, S. 91).

Das Genre lebt zwar immer auch vom Bruch, man kann sich aber im Sinne der Maßnahmenentwicklung gut an Genres und den jeweils implizierten Plots orientieren. Je archetypischer die Plots sind, desto globaler sind die Geschichten gültig. Genre ist aber auch nur ein Konstrukt. Für die Maßnahmenentwicklung ist das Genre als Kategorie, beispielsweise Action, lediglich ein Trigger. Es ist vollkommen unerheblich, hier kohärent zu arbeiten. Wir wollen uns dem Genre nur bedienen, es deshalb auseinandernehmen und schauen, ob es uns hilft, auf Maßnahmenideen zu kommen.

B.1 Sprungbrett: Wirkung beim Rezipienten

Zäumen wir das Pferd von hinten auf, fragen wir nach der erwünschten Wirkung einer Inszenierung der Story. Welche Emotionen möchte sie auslösen? Soll die Geschichte amüsieren? Soll sie ergreifen? Soll sie vielleicht sogar schocken? Im Bereich Film können diesen Zielen durchaus bereits Genres zugeordnet werden. Komödie, Tragödie oder Thriller sind Genres, die primär auf Wirkweise ausgelegt sind.

Wenn wir an dieser Stelle auf OSRAM zurückkommen, dann kann uns die Betrachtung der gewünschten Wirkung helfen, Ideen für Handlungen zu generieren. Die universelle Wahrheit für OSRAM steht fest. Wir haben sie aus dem Spannungskonstrukt „Licht versus Dunkelheit" abgeleitet: OSRAM macht sich zum Auftrag, Licht in die dunkle Welt zu bringen. Dies lässt sich nun auf ganz unterschiedliche Weise mit Maßnahmen unterfüttern. Möchte die Marke den Rezipienten *ergreifen*, dann illustriert sie emotional, wie sie Licht dorthin bringt, wo die Menschen ein halbes Jahr lang in ewiger Dunkelheit leben: an den Polarkreis. Produkte zur Licht-therapie sind nur ein Beispiel, dies auch zu realisieren. Soll die gewünschte Wirkung sein, zu *amüsieren*, könnte die Marke Tageslichtlampen an sich durch Nachtschicht um Nachtschicht quälende Berliner Freelancer verteilen und dies kommunikativ aufbereiten. Würde sie *schocken* wollen, könnten eine ganze Flotte von OSRAM-Hubschraubern die dunklen Gassen der Städte mittels Flutscheinwerfern erhellen.

B.2 Sprungbrett: Zentrales Thema

Sobald ein zentrales Thema und nicht die Wirkweise als Ausgangspunkt für eine Annäherung an das Genre genommen wird, bietet sich der Konflikt als Anhalts-punkt an. Nehmen wir wiederum Dr.Hauschka als Ausgangspunkt und Denk-modell und führen wir uns die Herausforderung erneut vor Augen, die wir für Dr.Hauschka formuliert haben: Glaube vs. Wissenschaft – die Marke Dr.Hauschka will dafür einstehen, dass der Weg in Zukunft nur gemeinsam mit der Natur zu be-schreiten ist. Wie bereits beschrieben ist eine konsequente Handlung im Haltungs-markt der Verzicht auf kategorietypische Produktgattungen (Männerlinien). Dieses Thema könnte die Marke Dr.Hauschka aufgreifen und es zu einem zentralen Kam-pagnen-Thema machen. Denn in diesem Thema versammeln sich wissenschaft-liche Grundhaltung und Glaube zu einer konkreten und provokanten Einstellung, für die Dr.Hauschka in der Beautywelt einstehen könnte.

B.3 Sprungbrett: Plot

Sobald es beispielsweise um einen Konflikt einer kleinen lokalen Marke mit großen globalen Playern geht, kann es der *Plot* sein, der die Richtung des Genres bestimmt. Dieser Konflikt, der als David-gegen-Goliath-Konflikt überschrieben werden kann, führt zu einem Plot, der diesen Konflikt ausspielt. Wie bereits beschrieben, wird der Konflikt mit narrativen Strukturen verarbeitet. Diese narrativen Struktu-ren führen zur Story. Der Begriff Plot beschreibt ein Muster von Ereignissen auf einer Zeitachse. „To plot means to navigate through the dangerous terrain of story and when confronted by a dozen branching possibilities to choose the correct path. Plot is the writer's choice of events and their design in time" (McKee 1997, S. 43). Mitgefühl und Anteilnahme können zwar intendierte Wirkweisen sein, es geht aber hauptsächlich darum, den Konflikt in eine narrative Form zu übersetzen, die letzt-lich den Plot bestimmt. Hier eine kleine Auswahl, die für die Markenkommunika-tion benutzt werden können (vgl. McKee 1997, S. 81):

- *Maturation Plot*, also eine Adoleszenzgeschichte (Coming-of-age Story) (bei-spielsweise „Stand by me", also die Entwicklung des Protagonisten vom Kind zum Erwachsenen anhand mehrerer Entscheidungen bzw. dramatischer Mo-mente)

- *Redemption/Education Plot,* hier geht es um einen Einstellungswechsel des Protagonisten von „böse" zu „gut" (beispielsweise „Schindlers Liste")
- Beim *Testing Plot* geht es um die Willensstärke des Protagonisten, die einer Verführung ausgesetzt ist (beispielsweise „Der alte Mann und das Meer").

Dr.Hauschka ist ein gutes Beispiel für den Testing Plot. Die Marke beweist gegenüber den ökonomischen Verführungsversuchen und Sachzwängen Haltung, indem sie Produkte vom Markt nimmt, bzw. gar nicht erst einführt. Dabei gehen diese Handlungen über eine schlichte Verweigerungshaltung hinaus, denn sie bieten Anlass für Kommunikation und stellen somit Einstiegspunkte in die gesamte Story dar. Sie führen Gespräche von einer Produktsphäre hin in die Wertesphäre. Dorthin, wo die Marke Dr.Hauschka unverwechselbar ist. Würde sich dagegen beispielsweise Beiersdorf entscheiden, die Marke Nivea nicht nur mittels der Line-Extension „pure & natural" (2011) sowie durch die Abbildung von Pflanzen in der dazugehörigen Werbekampagne grün zu waschen, sondern einen glaubhaften Imagewechsel vollziehen wollen, dann würde sich der Redemption/Education Plot anbieten.

Die Businessstory-Profis Mathews und Wacker arbeiten fünf kritische Storythemen heraus (vgl. Mathews und Wacker 2008, S. 66–78), denen wiederum fünf unternehmerische Zustände zugeordnet werden können (vgl. Mathews und Wacker 2008, S. 83–94):

1. *Heldenreise (Hero's Quest):* der Auszug des Helden aus seinem gewohnten Umfeld in ein Abenteuer und die Rückkehr des Helden mit dem Schatz, Elixier etc. Diesem Storythema ordnen Mathews und Wacker Unternehmen zu, die sich in einer Gründungsphase befinden und sich auf eine Vision beziehen. Diese unternehmerische Vision kommt einem Ruf zum Abenteuer gleich, dem der Unternehmer folgt (vgl. Mathews und Wacker 2008, S. 86–90).
2. *Schöpfungsgeschichten (Creation Stories):* Bei diesen Geschichten geht es laut Mathews und Wacker um die grundsätzliche Frage danach, wo der Mensch herkommt, welche sich in allen Kulturen finde (vgl. Mathews und Wacker 2008, S. 73). Marken könnten, so die Autoren, auf solche Schöpfungs- bzw. Herkunftsgeschichten rekurrieren (Heritage).
3. *Transformationsgeschichten (Stories of Transformation):* Wie bereits erwähnt, verhandeln diese Geschichten ein Transformationsmoment des Helden (beispielsweise vom Kind zum Erwachsenen). Mathews und Wacker sehen in diesen Geschichten die Chance, unternehmerischen *Wandel* narrativ zu verarbeiten (vgl. Mathews und Wacker 2008, S. 91).
4. *Fall-und-Aufstiegsgeschichten (Stories of Fall and Redemption):* Hier geht es um den gefallenen Helden, der, vorausgesetzt er hat Können und Glück, als Beloh-

nung für den Fall zu neuer Größe aufsteigt. Mathews und Wacker betonen, dass besonders *Krisen* in diesem Storyschema verwertet werden können (vgl. Mathews und Wacker 2008, S. 91).

5. *The Myth of Crossroads:* Diese Geschichten thematisieren wichtige Wegentscheidungen des Protagonisten. Entsprechend gehe es laut Mathews und Wacker um Unternehmen, die sich in einer wichtigen Übergangsphase befinden (vgl. Mathews und Wacker 2008, S. 92–94).

Die von Mathews und Wacker vorgestellten Story-Themen beschreiben *Evolutionsstufen eines Unternehmens in narrativer Form.* Je nach Spannungskonstrukt, je nach zugrunde gelegter universeller Wahrheit und den entsprechenden Welten eignet sich das eine mehr oder eben weniger für die Generierung von Maßnahme-Ideen. Streng genommen sind diese Story-Themen von Mathews und Wacker nicht ganz trennscharf, denn das Transformationsmoment findet sich nicht nur in den Transformationsgeschichten, sondern sowohl in der Heldenreise als auch in den Fall-und-Aufstiegsgeschichten.

Im Vergleich ist der Plot mit der höchsten Komplexität die Heldenreise. Das Konzept der Heldenreise ist eine Art Standard-Plot, der sich auf die oben bereits beschriebenen Untersuchungen von Mythen durch Campbell und seine Ergebnisse stützt. Folgende Stationen beinhaltet die Heldenreise (vgl. Vogler 1998):

- Ausgangspunkt ist die gewohnte Welt des Helden.
- Der Ruf zum Abenteuer folgt.
- Zunächst verweigert er sich diesem Ruf zumeist.
- Daraufhin überredet ihn ein Mentor, die Reise anzutreten, womit das Abenteuer beginnt.
- Der Held überschreitet die erste Grenze, hinter der es kein Zurück mehr gibt.
- Es folgt die erste Bewährungsprobe. Dabei trifft er auf Verbündete und Feinde.
- Dann dringt er bis zur tiefsten Höhle vor und trifft auf den Gegner.
- Dies ist die entscheidende Prüfung: Kampf und Überwindung des Gegners.
- Der Held wird belohnt, indem er z. B. den Schatz oder das Elixier raubt.
- Auf dem Rückweg kommt es zur Auferstehung des Helden. Er reift zu einer neuen Persönlichkeit.
- Anschließend tritt der Held mit dem Elixier den Heimweg an.

Dieses Muster findet sich tatsächlich in zahllosen (Hollywood)-Produktionen wieder. Aber auch das Konzept der Heldenreise darf nicht verstanden werden als eine Anleitung, der man nur zu folgen braucht, um einen guten Film zu machen. Dass die Heldenreise nicht der Weisheit letzter Schluss ist, unterstreicht auch McKee.

„Das Problem ist: Das, worüber Joseph Campbell schreibt, der ‚Quest-Myth', ist nur ein kleiner Punkt im Universum der Story. Christopher Vogler und andere haben die Ideen von Joseph Campbell übernommen und haben mittlerweile eine große Anhängerschaft, die aber allesamt einen wichtigen Fehler machen. Sie nehmen einen Teil für das Ganze. Sie glauben, dass alle Geschichten so funktionieren. Aber Tatsache ist, dass diese Geschichten nur ein kleiner Teil im Geschichtenuniversum sind" (Eick 2006, S. 241). Die Heldenreise sei auf Basis der Betrachtungen von Mythen entstanden und Mythen haben laut McKee eine positive Haltung zum Leben. McKee bemerkt zudem: „Was würde Joseph Campbell über einen Film wie Leaving Las Vegas sagen? Er würde ihn hassen. Es ist ein dunkles, negatives, nihilistisches Statement über das Leben. Er würde sagen, dass es eine schlechte Geschichte ist. Ich finde, es ist eine wunderbare Geschichte. Es ist ein perfektes Beispiel für ein gutes Storytelling" (Eick 2006, S. 242).

Trotz McKees Bedenken eignet sich unserer Meinung nach das Konzept der Heldenreise, um Maßnahmen-ideen für Marken zu konzipieren – immer mit dem Wissen im Hinterkopf, dass es bei dabei nicht um absolute Wahrheit geht, sondern dass dies als Sprungbrett benutzt werden sollte, um eine gute Geschichte zu schreiben. Beispielsweise muss nicht jede der dreizehn Stationen verarbeitet werden. Ebenso eignen sich die von Mathews und Wacker vorgeschlagenen Story-Themen als kreative Sprungbretter. Je globaler die Geschichte werden soll, desto archetypischer muss sie sein. Das wiederum proklamiert auch McKee: „Story is about archetypes, not stereotypes. The archetypical story unearths a universally human experience, then wraps itself inside a unique, culture-specific expression." (McKee 1997, S. 4). Diese Story Values, also Liebe/Hass, Friede/Krieg, Gerechtigkeit/Ungerechtigkeit, sind Werte, die immer wieder neu verhandelt werden müssen. „From year to year these values must be reworked to keep them alive and meaningful for the contemporary audience. Yet the greatest stories are always contemporary. They are classics. A classic is experienced with pleasure because it can be reinterpreted through the decades, because in it truth and humanity are so abundant that each new generation finds itself mirrored in the story" (McKee 1997, S. 97–98).

C. Conflict

Für den Leser, der Kap. 3 dieser Arbeit – Narration und Konflikt – übersprungen hat, möchten wir an dieser Stelle noch einmal kurz anhand eines Beispiels erklären, was wir unter Konflikt verstehen. Im klassischen Abenteuer steht der Held oftmals vor schier unlösbaren Aufgaben, die ihm die Natur und der Gang der Dinge stellen, beispielsweise in Form eines gefährliches Tieres. Dieser Gegner steht ihm als Kraft gegenüber – mit ihm steht er in einem kosmischen Konflikt. Aber auch innere Konflikte können dem Helden entgegenstehen.

Wagen wir einen kurzen Exkurs in die Welt des klassischen Dramas: In Johann Wolfgang von Goehtes Faust dreht sich das Drama im Kern beispielsweise um einen inneren Konflikt. Dr. Faust im inneren Zwiespalt zwischen Gut und Böse, zwischen Wissenschaft und Leidenschaft, zwischen Studierzimmer und Auerbachs Keller. So lautet einer der viel zitierten Verse: „Zwei Seelen wohnen, ach! in meiner Brust." Letztendlich wird dieser innere Konflikt des Protagonisten Faust immer wieder aufgegriffen und durch die Konstellation der Charaktere in der Geschichte dramatisiert. So übt der teuflische Mephisto gehörig Druck auf Faust aus. Auch die Liebschaft zu der unschuldigen Margarete, genannt Gretchen, lässt sich als besonders dramatische Inszenierung des inneren Konflikts bezeichnen. Diese Konstellation ist übrigens ebenfalls ein geflügeltes Wort geworden. Es geht bei Faust und eben auch in vielen anderen menschlichen Situationen um die sogenannte Gretchenfrage. Die mannigfaltige Bedeutung, die Goethe durch das Drama geschaffen hat, ist unbestritten. Natürlich kann an dieser Stelle keine ausführliche Interpretation des Fausts stattfinden, was zwar schon zur Genüge beschrieben ist, aber nicht oft genug betont werden kann, ist, dass es beim Thema Story immer um die Gegenkräfte („forces of antagonism") geht, die den Konflikt ins Unermessliche steigern können. Ja, erst der Konflikt lässt überhaupt die Story entstehen. In der Liebesgeschichte beispielsweise ist die Liebe an sich nur die eine Seite der Medaille. Das, was die Liebesgeschichte jedoch im Kern ausmacht, ist die Frage „What's to stop them? […] Two people meet, fall in love, marry, raise a family, support each other till death do them part […] what could be more boring then that?" (McKee 1997, S. 95). Immer muss es also auch die negative Seite der Geschichte geben, die Widerstände, das Dunkle, die Hindernisse. Wie sonst könnte man die positiven Seiten herausstellen, das Ziel, das Erstebte, das zu Erobernde? Wie sonst könnte der Protagonist seine Haltung beweisen, wenn nicht durch Konfrontation mit dem Entgegengesetzten?

Der Konflikt lässt sich am effektivsten über die antagonalen Kräfte erzählen, die den Protagonisten vom Erreichen des Ziels abhalten. Konflikt entsteht also durch den Druck, den die antagonalen Kräfte auf den Protagonisten ausüben.

Wie bereits beschrieben, differenzieren wir fünf Ebenen von Konflikt (s. Kap. 3):

- den *inneren* Konflikt (widerstrebende, ambivalente Gefühle und Gedanken),
- den *zwischenmenschlichen* Konflikt (der Widerstreit zweier Personen),
- den *sozialen* Konflikt (Der Konflikt des Protagonisten mit der Gesellschaft),
- den *situativen* Konflikt (beispielsweise Katastrophenfilme)
- den *kosmischen* Konflikt (ein Konflikt der Figur mit einer übernatürlichen Kraft).

Will man den Konflikt als Sprungbrett nutzen, ist es notwendig, die antagonalen Kräfte zu betrachten und sich zu fragen, wie wir diese Kräfte provozieren können.

Schauen wir noch einmal auf Dr. Hauschka. Wie bereits beim Thema „Character" angedeutet, könnte die Marke noch stärker in den Konflikt gehen und Marken „angreifen" (Personenkonflikt), die sich dem Thema „Männerserie" verschrieben haben. Somit wäre es für die Marke möglich, durch eine intensive Pressekampagne, munitioniert durch (geistes-)wissenschaftliche Betrachtungen zu beweisen, dass männliche und weibliche Haut im Wesentlichen die gleichen Bedürfnisse haben. Im Beispiel von OSRAM wiederum könnte sich die Marke mittels einer Maßnahme das Ziel setzen, das Dunkle und mithin das Böse aus der Welt zu schaffen und deshalb beispielsweise den *World Press Photo Award* mit Sponsoring-Aktivitäten zu unterstützen.

4.6   Zusammenfassung

Der vorausgehende Abschnitt zeigt, dass das dem Narrative Brand Planning innewohnende Story-Prinzip sämtliche Marketing-Aktivitäten anleiten kann, wie wir sie mit den „vier P" kennen gelernt haben. Für die Maßnahmengenerierung haben wir verschiedene Story-Mechanismen dargestellt, sodass sie – als Sprungbretter eingesetzt – zu kreativen Maßnahmenideen führen können. Dies ist jedoch kein Automatismus, denn gute Maßnahmen sind immer ein Produkt von Kreativität und lassen sich schlecht formalisieren. Dennoch: Erlaubt man dem Denken in Geschichten das häufig vorherrschende analytisch-logische Denken zu ersetzen, dann lässt sich von Produktinnovationen bis hin zu vernetzen Kommunikationskampagnen vieles daraus entwickeln. Mit dem Narrative Brief liegt ein Strategie-Papier vor, das mit seinen beiden Komponenten „universelle Wahrheit" und „Welten" die Handlungsoptionen strategisch einrahmt.

In diesem Rahmen gilt es, das Handeln und die Maßnahmen anzusiedeln. Dabei muss klar sein, dass Handeln nicht nur kommunikatives Handeln bedeutet, sondern weit in das Geschäftsmodell des Unternehmens hineinreichen kann und auch sollte. Schritt 1 und 2 des Narrative Brand Plannings – die Bedeutungserfassung und Bedeutungsreflexion liefern eine prozessorientierte Vorgehensweise, die den Maßnahmenideen eine strategisch-fundierte Grundlage sichern. Denn alle Ideen kommen aus der Marke selbst bzw. bedienen Insights, die wir aus den Konsumentengeschichten gewonnen haben. So werden die Maßnahmen stabil für die Diskussion im Unternehmen – eine Diskussion zwischen den unterschiedlichen Funktionsbereichen der Unternehmen, die heutzutage leider viel zu selten stattfindet.

Zusammenfassung und Ausblick: Der neue Horizont des Marketings

F. O. Dietrich, R. Schmidt-Bleeker, *Narrative Brand Planning*,
DOI 10.1007/978-3-642-32920-3_5, © Springer-Verlag Berlin Heidelberg 2013

Mit dem vorliegenden Buch möchten wir einen Beitrag leisten. Einen Beitrag, der die Welt der Werbung, die Welt des Marketings um einen Diskussionsgegenstand erweitert, den konventionelle Markenführungsmodelle häufig außer Acht lassen: die Liebe der Menschen zu Geschichten. So haben wir uns zum einen gefragt, was Menschen dazu bringt, Geschichten über Marken zu erzählen, was Menschen dazu bringt, mitzumachen, ja sogar mitzugestalten? Zum anderen haben wir uns gefragt, mit welchen Konstrukten und Konzeptualisierungen Marken führende Unternehmen arbeiten könnten, um den heutigen Herausforderungen an das Marketing gerecht zu werden. Unsere Antwort lautet, dass der Konflikt der zentrale Treiber von Menschen, Märkten und Marken ist. Unser Konzept des Narrative Brand Plannings stellt eine Perspektive dar, den Konflikt in Form einer Geschichte für die Markenführung nutzbar zu machen.

Wir haben Geschichten als etwas Identitätsstiftendes ausgemacht. Weiterhin haben wir aber auch gesehen, dass das, was häufig als „Story" bezeichnet wird, häufig gar keine ist! Denn der Motor guter Geschichten, also von Geschichten, die weiter erzählt werden, die von Bedeutung sind, weil sie solche erzeugen, ist der *Konflikt*.

Im Dreiklang unserer narrativen Welt aus Identität, Medien und Business kann die Marke nur bestehen, wenn sie es schafft, sich selbst als spannende Geschichte zu konstruieren. In Zeiten, in denen Identität nicht mehr als fixiert betrachtet wird, sondern ständig neu, narrativ und medial konstruiert wird, können Marken nur dann eine Rolle spielen, wenn sie dem Menschen etwas anbieten, das hilft, der eigenen Persönlichkeit Ausdruck zu verleihen. Auf welche Weise der Einzelne dem nachkommt, wie er die Marke in seine Biografie und Identität, in sein Umfeld einbaut, ist jedoch jenseits der Kontrolle der Markenführung angesiedelt. Konventionelles Marketing – klassische Werbung – funktionieren, keine Frage! Solche Kommunikate werden gehört, das schon. Jedoch nicht, weil jemand zuhören will, sondern weil ihrer Lautstärke nicht entgangen werden kann.

Auf dieser Basis haben wir eine Alternative vorgeschlagen, die wir auf den Namen *Narrative Brand Planning* getauft haben. Zuhören kam für uns dabei an erster Stelle: zu eruieren, was Marken für Konsumenten tatsächlich bedeuten. Also nicht, das zu erfüllen, was die konventionelle Markenführung will oder glaubt zu sein, sondern das zu erfassen, was eine Marke im Alltag ihrer Liebhaber oder ihrer Feinde tatsächlich ist oder sein kann. Welche Bedeutungen sie jenseits der Planungen im Alltag annimmt, welche Konflikte und Widersprüche ihr innewohnen. Dies ist der Ausgangspunkt unseres Vorschlags einer zeitgemäßen Markenführung, des Narrative Brand Plannings. Wir haben diesen Ansatz in dem Satz zusammengefasst, es gehe nicht darum, Geschichten zu erzählen, sondern darum eine zu sein. Mittels drei Schritten haben wir illustriert, wie ein solches Vorhaben gelingen kann.

Nicht jede Marke kann das, nicht jede Marke ist auch eine Geschichte. Es braucht Authentizität, um das auch liefern zu können. Sobald diese Authentizität aber gegeben ist, sobald die Haltung stimmt, stimmt auch die Markengeschichte. Ist die Markengeschichte als Story erst einmal gegeben, dann kann transmedial von ihr erzählt werden. Wenn diese nicht gegeben ist, dann gilt es, sie zu finden und nötigenfalls die Produktion darauf auszurichten: auf etwas Wahres, was dann Ware werden kann. Der neue Horizont des Marketings läuft also darauf hinaus, nicht zu erfinden, keine obsoleten Positionierungen hinausposaunen zu wollen, sondern sich zu besinnen, sich im Klaren zu sein, wofür man steht, wofür man einstehen will. Daraus wiederum ergibt sich die Markengeschichte und die ihr innewohnende universelle Wahrheit. Ist diese universelle Wahrheit einmal gefunden und definiert, dann lässt sich wiederum sehr leicht schauen, wie und wo man sie beweisen kann. Man beweist sie vor allem dort, wo man auf Konflikte stößt, denn dort liegt das größte Potenzial. Man beweist sie durch reales Handeln und der transmedialen Inszenierung dieser Handlungen. Dies zu können setzt voraus, dass man hinter der postulierten Wahrheit steht. Tut man das nicht, dann hält die Marke den Konflikt auch nicht durch. Ist dieses Spannungskonstrukt aber stimmig, dann erarbeitet man sich ein Maximum an Aufmerksamkeit jenseits der gängigen Mechanik des Plakate- und Kanälebuchens. Man erarbeitet sich eine andere Qualität der Aufmerksamkeit, eine, die der Markengeschichte mit Interesse begegnet, nicht mit erzwungener Wahrnehmung. Gute Geschichten polarisieren, Ablehnung muss in Kauf genommen werden, zumal Ablehnung eine Form der Aufmerksamkeit ist, weit jenseits von Desinteresse angesiedelt.

Vielleicht kann nicht jede Marke diesen konfrontativen Weg gehen. Diejenigen Marken aber, die über genügend Leistungssubstanz verfügen, um ihn zu gehen, die haben Zukunft. Denn sie wagen den Kontrollverlust, die Konfrontation mit dem mündigen Verbraucher, der andere Marken aufgrund mangelnder Substanz lieber entgeht.

Was wir für Marken skizziert haben, das gilt auch für das Marketing: Es gilt, eine Grenze zu überschreiten, es gilt für sich einzustehen, für die eigenen Werte und Annahmen. Es gilt diese Auseinandersetzung produktiv zu gestalten, sich mit ihr zu verändern und ihr wie der Held einer klassischen Sage zu begegnen. Wenn das Marketing diese Grenze nicht nimmt, wenn es in Zahlenwerk und Selbstherrlichkeit erstarrt, dann wird es mangels Relevanz untergehen. Auf ihrem Grabstein wird stehen: „Aufgrund geringen Interesses nach langem Siechtum verstorben. R.I.P.“. Deshalb widmet sich dieses Buch dem Versuch, semantische Bedeutung in die Welt der betriebswirtschaftlichen Ordnung zu bringen, weil wir davon überzeugt sind, dass Markenführung mehr als Bedeutungsmanagement verstanden werden muss und weniger als ordnendes Prinzip der klassischen Betriebswirtschaftslehre. Somit orientiert sich erfolgreiches Marketing nicht mehr lediglich an Vorstellungswelten, deren Entscheidungen auf Zahlen und vermeintlichen Fakten basiert. Dieses Buch hat den Versuch unternommen, einen Ansatz zu entwickeln, der es ermöglicht, Marken semantisch zu managen. Dabei steht im Zentrum die Frage, was der Motor dieser neuen semantischen Marketingwelt ist: und natürlich ist es der Konflikt!

Das Narrative Brand Planning verspricht, ein Ansatz zu sein, der strategische Markenführung daran erinnert, worum es bei Marken geht: um Menschen und Geschichten. Dies wird in Zukunft von größerer ökonomischer Bedeutung sein als in der Vergangenheit. Die technische Entwicklung macht jeden Menschen zu einem potenziellen mächtigen Player für das Marketing. Es wird Zeit, dass wir alle uns selbst, den Menschen, wirklich ernst nehmen. Sonst droht dem Marketing, selbst zu einem ökonomischen Problem zu werden.

Bei unserem Konzept und unserer Denkweise geht es jedoch weder darum, ein altes System abzulösen oder abzuschaffen, noch um das „Besser-als", sondern es geht um die Vervollständigung der Marketing-Welt. Wir möchten einen Beitrag dazu leisten, dass auch das Marketing sich mit dem beschäftigt, was andere Bereiche der Welt (Narrative World) schon immer ausgemacht hat. An vielen Stellen des Buchs haben wir uns gegen die Systemlogik der Marketingpraxis und Werbeagenturen gestellt. Das ist insofern wichtig, als wir nur so in der Lage sind, unsere Position und unser Verständnis von Markenführung herauszustellen und die Unterschiede deutlich zu machen. Bei unserem Entwurf geht es uns aber nicht darum, ein Modell zu entwickeln, also eine neue Maschine zu bauen, die uns das Denken abnimmt, sondern darum, eine Perspektive auf Marken zu entwickeln. Auch wenn wir mit dem Narrative Brand Planning als Prozess Arbeitsschritte definieren, sollen diese eher als Vorschläge verstanden werden und nicht als festes Schema. Es soll eine Hilfestellung sein, das Thema in einer ordnungsliebenden Organisation zu diskutieren und zu verhandeln. Das klingt nach Konflikt – aber wir wissen ja, dass der Konflikt der Motor der Markenführung ist.

Literatur

Abell D (1980) Defining the business: the starting point of strategic planning. Prentice Hall, New Jersey

Balázs B (2003) Zur Kunstphilosophie des Films. In: Albersmeier F-J (Hrsg) Texte zur Theorie des Films. Reclam, Stuttgart

Baraldi C, Corsi G (1998) GLU: Glossar zu Niklas Luhmanns Theorie sozialer Systeme. Suhrkamp, Frankfurt a. M.

F. O. Dietrich, R. Schmidt-Bleeker, *Narrative Brand Planning*, 133
DOI 10.1007/978-3-642-32920-3, © Springer-Verlag Berlin Heidelberg 2013

Bartle J (1997) The advertising contribution. In: Butterfield L (Hrsg) Excellence in advertising. the IPA guide to best practice. Butterworth-Heinemann, Burlington

Baudrillard J (1989) Paradoxe Kommunikation. Benteli, Bern

Berman M (1985) Wiederverzauberung der Welt. Am Ende des Newtonschen Zeitalters. Cornell University Press, Reinbek bei Hamburg

Berners-Lee T (2006) developerWorks Interviews: Tim Berners-Lee. http://www.ibm.com/developerworks/podcast/dwi/cm-int082206txt.html

Bialek C (2008) Ralf Zilligen baut neue Agenturmarke auf. http://www.handelsblatt.com/unternehmen/strategie/ralf-zilligen-baut-neue-agenturmarke-auf;2098111. Zugegriffen: 27. November 2008

Blech J, Bonstein J, Dworschak M, Evers M, Kneip A, Müller MU, Schmitt S, Schmundt H (2009) Nackt unter Freunden. Der Spiegel 10:118–131 (3. März 2009)

Bohnsack R (2005) Gruppendiskussion. In: Flick U, von Kardorff E, Steinke I (Hrgs) Qualitative Forschung. rororo, Reinbek bei Hamburg

Bonacker T, Imbusch P (1996) Begriffe der Friedens- und Konfliktforschung: Konflikt, Gewalt, Krieg, Frieden. In: Imbusch P, Zoll R (Hrsg) Friedens- und Konfliktforschung. Eine Einführung mit Quellen. VS Verlag für Sozialwissenschaften, Opladen

Boje DM. (1991) The storytelling organization: a study of story performance in an office-supply firm. Adm Sci Q 36(1):106–126 (März 1991)

Bordwell D, Thompson K (2001) Film art. An introduction. McGraw-Hill, New York

Brown S (2009) Scott Brown on why Hollywood needs a new model for storytelling. Wired Magazine 17.02. http://www.wired.com/techbiz/people/magazine/17-02/pl_brown. Zugegriffen: 19. Januar 2009

Brown S, Kozinets RV, Sherry JF Jr (2003) Teaching old brands new tricks: retro branding and the revival of brand meaning. J Market 67:19–33 (Juli)

Caillois R (1958) Die Spiele und die Menschen: Maske und Rausch. Ullstein Taschenbuchverlag, Frankfurt a. M.

Campbell J (1999) Der Heros in tausend Gestalten. Insel, Frankfurt a. M.

Chatman S (2000) Story and discourse. Narrative structure in fiction and film. Cornell University Press, Ithaca

Cortazzi M (2001) Narrative analysis in ethnography. In: Atkinson PA, Coffey AJ, Delamont S, Lofland J, Lofland LH (Hrsg) Handbook of Ethnography. Sage, London

De Certeau M (1988) Kunst des Handelns. Merve, Berlin

Dena C (2008a) ARG Stats. Christy's Corner of the Universe. http://www.christydena.com/online-essays/arg-stats/. Zugegriffen: 8. Dezember 2008

Dena C (2008b) Emerging participatory culture practices. Player-created tiers in alternate reality games. Converg Int J Res New Media Technol 14(1):41–57. http://www.christydena.com/blog/wp-content/uploads/2009/04/dena_argtiering_.pdf. Zugegriffen: 25. Juni 2009

Dietrich FO, Schmidt-Bleeker R (2009) Marken sind Gespräche. Über Anatomie und Diffusion von Markenkommunikation in Netzwerken. In: Sonnenburg S (Hrsg) Swarm Branding. Markenführung im Zeitalter von Web 2.0. VS Verlag für Sozialwissenschaften, Wiesbaden

Dinehart SE (2009) Defining interactive narrative design 1. Narrat Des Explor. http://www.narrativedesign.org/2009/02/defining-interactive-narrative.html. Zugegriffen: 1. Februar 2009

Dittgen AM (1989) Regeln für Abweichungen. Funktional sprachspielerische Abweichungen in Zeitungsüberschriften, Werbeschlagzeilen, Werbeslogans, Wandsprüchen und Titeln. Lang, Frankfurt a. M.

Duckworth G (1997) Creative briefing. In: Butterfield L (Hrsg) Excellence in advertising: the IPA guide to best practice. Butterworth-Heinemann, Burlington

Düllo T, Liebl F (2005) Cultural Hacking. Die Kunst des Strategischen Handelns. Springer, Wien

Eick D (2006) Drehbuchtheorien. Eine vergleichende Analyse. Uvk, Konstanz

Evers T (1987) Mythos und Emanzipation. Eine kritische Annäherung an C. G. Jung. Junius, Hamburg. http://www.opus-magnum.de/evers/mythos/html/evers_mythos_opus_magnum_01.html. Zugegriffen: 18. März 2008

Felgenhauer U (2008) Pärchen „grenzenlos verliebt" bei VOX. http://www.welt.de/fernsehen/article1950679/Paerchen_grenzenlos_verliebt_bei_VOX.html. Zugegriffen: 30. April 2008

Festinger L (1962) A theory of cognitive dissonance. Stanford University Press, Stanford

Firat AF, Dholakia N, Venkatesh A (1995) Marketing in a postmodern world. Eur J Mark 29(1):40–56

Flick U, von Kardorff E, Steinke I (2005) Qualitative Forschung. rororo, Reinbek bei Hamburg

Förster H von, Pörksen B (2004) Wahrheit ist die Erfindung eines Lügners. Gespräche für Skeptiker. Carl-Auer-Systeme, Heidelberg

Fournier S (1998) Consumer and their brands. Developing relationship theory in consumer research. J Cons Res 24(3):343–373

Franck G (2007) Ökonomie der Aufmerksamkeit: ein Entwurf. Hanser, München

Frasca G (2003) Simulation versus Narrative. Introduction to Ludologie. In: Wolf MJP, Perron B (Hrsg) The video game theory reader. Routledge. http://www.ludology.org/articles/VGT_final.pdf. Zugegriffen: 15. Juni 2009

Freud S (1969) Jenseits des Lustprinzips. Massenpsychologie und Ich-Analyse. Das Ich und das Es. In: Freud A (Hrsg) Gesammelte Werke, Bd 13. Meiner, Frankfurt a. M.

Gabriel Y (2000) Storytelling in organizations. Facts, fictions, fantasies. Oxford University Press, Oxford

Gabriel Y, Lang T (1995) The unmanageable consumer – contemporary consumption and its fragmentations. Sage, London

Gaede W (2002) Abweichen von der Norm. Wirtschaftsverlag, München

Gehrs O (2008) Hose runter. brandeins, Februar(2):45–49

Genette G (1994) Die Erzählung. Fink, München

Geyer P (1992) Das Paradox: Historisch-systematische Grundlegung. In: Hagenbüchle R, Geyer P (Hrsg) Das Paradox. Eine Herausforderung des abendländischen Denkens. Königshausen & Neumann, Nürnberg

Giddens A (1991) Modernity and self-identity in the late modern age. Stanford University Press, Stanford

Gladwell M (2000) Der Tipping Point. Wie kleine Dinge großes bewirken können. Golfmann, Berlin

Greenspan P (1980) A case of mixed feelings: ambivalence and the logic of emotions. In: Rorty AO (Hrsg) Explaining emotion. University of California Press, Berkeley

Groh A (2008) Marketing und Manipulation. Shaker, Berlin

Groys B (2002) Über das Neue. Fischer Taschenbuch, Frankfurt a. M.

Haack H-P (o. J.) Zweideutigkeit als System. Thomas Manns Kunstdefinition. Verlag Dr. Haack, Leipzig. http://de.wikibooks.org/wiki/Zweideutigkeit_als_System_-_Thomas_Manns_Forderung_an_die_Kunst. Zugegriffen

Habermas J (1994) The emergence of the public sphere. In: Habermas J (Hrsg) The cultural theory polity press. Polity, Cambridge

Hagenbüchle R (1992) Was heißt „paradox"? Eine Standortbestimmung. In: Hagenbüchle R, Geyer P (Hrsg) Das Paradox. Eine Herausforderung des abendländischen Denkens. Königshausen & Neumann, Nürnberg

Halbwachs M (1985) Das Gedächtnis und seine sozialen Bedingungen. Suhrkamp, Frankfurt a. M.

Harrigan P, Wardrip-Fruin N (2007) Second person. Role playing and story in games and playable media. The MIT Press, Cambridge

Harrigan P, Wardrip-Fruin N (2009) Third person: authoring and exploring vast narratives. The MIT Press, Cambridge

Hauge M (1988) Writing screenplays that sell. McGraw-Hill, London

Heinrich K (1991) Das Floß der Medusa. In: Schlesier R (Hrsg) Faszination des Mythos. Studien zur antiken und modernen Interpretation. Stroemfeld, Basel

Highsmith P (1985) Suspense oder Wie man einen Thriller schreibt. Diogenes, Zürich

Hildenbrand B (2005) Anselm Strauss. In: Flick U, von Kardorff E, Steinke I (Hrsg) Qualitative Forschung. rororo, Reinbek bei Hamburg

Hillenbrand T (2006) Die Antimarke aus Downtown L. A. Financ Times Deutschland. http://www.ftd.de/lifestyle/luxus/95127.html. Zugegriffen: 10. Juli 2006

Hillenbrand T (2008) Mit dem Phaeton zum Aldi. http://www.spiegel.de/auto/aktuell/0,1518,570251,00.html. Zugegriffen: 6. August 2008

Hippel E von (2005) Democratizing Innovation. The MIT Press, Cambridge

Hirschi C (2005) Wettkampf der Nationen. Konstruktionen einer deutschen Ehrgemeinschaft an der Wende vom Mittelalter zur Neuzeit. Wallstein, Göttingen

Hitzler R, Bucher T, Niederbacher A (2005) Leben in Szenen. Formen jugendlicher Vergemeinschaftung heute. VS Verlag für Sozialwissenschaften, Wiesbaden

Holt DB (2003) What becomes an icon most? Harvard Bus Rev März(81):43–48

Huntington P (2006) Jeans brand pays $ 200.000 for bad-boy photographer. The Sydney morning harold online. http://www.smh.com.au/news/fashion/jeans-brand-pays-200000-to-hire-badboy-photographer/2006/07/14/1152637872131.html. Zugegriffen: 15. Juli 2006

Huth L (2007) Mythos. Arbeitspapier aus dem Bereich Theorie der verbalen Kommunikation. Unveröffentlichtes Vorlesungsskript WS 2007/2008, Universität der Künste Berlin, Studiengang Gesellschafts- und Wirtschaftskommunikation

Issing LJ, Klimsa P (2002) Information und Lernen mit Multimedia und Internet. Beltz, Weinheim

Jaffe J (2004) Case study: „See what happens". iMEDIA Connection. Connecting the Marketing Community. http://www.imediaconnection.com/content/2821.asp. Zugegriffen: 18. Februar 2004

Jenkins H (1992) Textual poachers. Television fans and participatory culture. Routledge, London

Jenkins H (2003) Transmedia storytelling. Moving characters from books to films to video games can make them stronger and more compelling. Technol Rev. http://www.technologyreview.com/Biotech/13052/page1/. Zugegriffen: 15. Januar 2003

Jenkins H (2008) Convergence culture. Where old and new media collide. New York University Press, New York

Jenkins H (2009) Authoring and exploring vast narratives: an interview with Pat Harrigan and Noah Wardrip-Fruin. Confessions of an Aca/Fan. The Official Weblog of Henry Jenkins. http://henryjenkins.org/2009/05/an_interview_with_pat_harrigan.html. Zugegriffen: 18. Mai 2009

Jensen R (1999) The dream society: how the coming shift from information to imagination will transform your business. McGraw-Hill, New York

Johnson S (2005) Emerging Technology. Software upgrades promise to turn the Internet into a lush rain forest of information teeming with new life. Discover Magazine (Online-Ausgabe), o. S. http://discovermagazine.com/2005/oct/emerging-technology. Zugegriffen: 24. Oktober 2005

Kaiser T (2007) Ich bin den ganzen Tag auf 180. Interview mit Jean-Marie Dru. http://www.welt.de/wams_print/article1443423/Ich_bin_den_ganzen_Tag_auf_180.html. Zugegriffen: 9. Dezember 2007

Katz E, Lazarsfeld PF (1955) Personal influence. The part played by people in the flow of mass communication. Transaction, Glencoe

Kerényi K (2003) Die Mythologie der Griechen. Die Götter- und Menschheitsgeschichten. Klett-Cotta, München

Kim WC, Mauborgne R (2005) Die Ozean-Strategie. Harv Bus Manag September 27:72–84

Kühn R, Kreuzer M (2006) Marktforschung: Best Practices für Marketingverantwortliche. Haupt, Bern

Labov W (1997) Some Further steps in narrative analysis. The department of linguistics, 1997. http://www.ling.upenn.edu/~wlabov/sfs.html. Zugegriffen: 20. Sept 2008

Lazarsfeld PF et al (1969) Wahlen und Wähler. Soziologie des Wahlverhaltens. Luchterhand, Neuwied

Lewin K (1963) Feldtheorie in den Sozialwissenschaften. Ausgewählte theoretische Schriften. Huber Hans, Bern

Liebl F (2000) Der Schock des Neuen. Murmann, München

Liebl F (2003) Woher kommt der Trend? brandeins 10:173

Liebl F (2006a) From branding goods to hacking brands: a beginner's guide to the brand universe. In: Heusser H-J, Imesch K (Hrsg) Art & branding: principles – interaction – perspectives. Swiss Institute for Art Research, Zürich

Liebl F (2006b) Unbekannte Theorie-Objekte der Trendforschung. Die Unschärfe als strategische Dimension der Markenpersönlichkeit. In: Antrittsvorlesung von Prof. Dr. Franz Liebl im Studiengang Gesellschafts- und Wirtschaftskommunikation der Berliner Universität der Künste Berlin. http://www.iris-media.com/spip.php?article1626. Zugegriffen: 3. November 2006

Liebl F (o. J.) Unbekannte Theorie-Objekte der Trendforschung (XLV). Der letzte Schrei: Zur Anatomie von Trends, Moden und Revivals. http://www.gwk.udk-berlin.de/fileadmin/user_upload/Liebl/Der_letzte_Schrei_Trendforschung.pdf. Zugegriffen: 9. Juli 2009

Liebl F, Mennicken C (2005) Markenfusion – Aus Liebe zur Marke? In: Vangerow B, Franke U, Lehmann B, Liebl F, Mennicken C (Hrsg) Markenfusion – Strategie und Gestaltung – Warum Aral kommt und BP bleibt. Birkhäuser, Basel

Liebl F, Rughase OG (2002) Storylistening. GDI Impuls 3:34–39

Lippert B (2008) Carnivoral Knowledge. Burger King defiles its „Whopper Virgins" in a tasteless new campaign from Crispin. http://www.adweek.com/aw/content_display/creative/critique/e3ie8946cda1b3f6da2ca92ebf1b5c68935. Zugegriffen: 8. Dezember 2008

Lotman JM (1972) Die Struktur literarischer Texte. UTB, München

Luhmann N (1979) Öffentliche Meinung. In: Langenbucher W (Hrsg) Politik und Kommunikation. Über die öffentliche Meinungsbildung. Pieer, München

Luhmann N (1987) Soziale Systeme. Grundriß einer allgemeinen Theorie. Suhrkamp, Frankfurt a. M.

Luhmann N (1990) Weltkunst. In: Luhmann N, Bunsen FD, Baecker D (Hrsg) Unbeobachtete Welt. Über Kunst und Architektur. Verlag Cordula Haux, Bielefeld

Luhmann N (1997) Die Gesellschaft der Gesellschaft, 2 Bde. Suhrkamp, Frankfurt a. M.

Magretta J (2002) Why business models matter. Harv Bus Rev Mai(80):86–92

Mancuso JR (1969) Why not create opinion leaders for new Product introduction? J Market 33:20–25

Mason M (2009) Stereomyth. http://thepiratesdilemma.com/ethernomics/stereomyth. Zugegriffen: 23. Januar 2009

Mathews R, Wacker W (2002) The deviant's advantage. How fringe ideas create mass markets. Crown Business, New York

Mathews R, Wacker W (2008) What's your story?: storytelling to move markets, audiences people, and brands. FT Press, New Jersey

Mayo E (1962) The human problems of an industrial civilization. Routledge, New York

McCombs ME, Shaw DL (1972) The agenda-setting function of mass media. Public Opin Q 36:176–187

Mcconnel B, Huba J (2007) Citizen marketers. When people are the message. Kaplan Publishing, Chicago

McCracken G (2005) Culture and Consumption II – Markets, Meaning and Brand Management. Indiana University Press, Bloomington

McGonigal J (2003) „This is not a game": immersive aesthetics and collective play. http://www.seanstewart.org/beast/mcgonigal/notagame/paper.pdf. Zugegriffen: 24. Juni 2009

McKee R (1997) The story. Substance, structure style, and the principles of screenwriting. ReganBooks, New York

Meffert H, Burmann C, Koers M (2002) Markenmanagement. Grundfragen der identitätsorientierten Markenführung. Gabler, Wiesbaden

Merton RK (1968) Social theory and social structure. Free Press, New York

Miles C (2004) The prospect and schizogenesis: a Batesonian perspective on the implications of the double-bind in advertising messages. Market Theory 4:267–286

Muñiz AM, Schau HJ (2007) Viligante marketing and consumer created communications. J Advert 36(3):178–202

Natew A (1971) Das Dramatische und das Drama. Velber

Nestle W (1940) Vom Mythos zum Logos. Die Selbstentfaltung vom griechischen Denken von Homer bis auf Sophistik und Sokrates. Arno Press, Stuttgart

Noelle-Neumann E (1980) Die Schweigespirale. Öffentliche Meinung – unsere soziale Haut. Langen, München

Ohne Autor (2006) Alternate Reality Games White Paper. IGDA (International Game Developers Association). http://igda.org/arg/whitepaper.html. Zugegriffen: 28. Juni 2009

Ohne Autor (2009a) Ashton Kutcher gewinnt Twitter-Wette gegen CNN. Der Tagesspiegel. http://www.tagesspiegel.de/weltspiegel/Ashton-Kutcher-CNN-Twitter;art1117,2776006. Zugegriffen: 17. April 2009

Ohne Autor (2009b) Serious fun. Technology and society: „Alternate reality" games mixing puzzles and plot lines, online and off, are becoming more popular. http://www.economist.com/sciencetechnology/tq/'displayStory.cfm?story_id=13174355. Zugegriffen: 5. Mai 2009

Ostenwalder A, Pigneur Y, Tucci CL (2005) Clarifying business models: origins, present, and future of the concept. Commun Assoc Inf Syst 16:1–25

Parsons T, Bales RF (1955) Family, socialization and interaction process. Routledge, Glencoe

Porter ME. (1980) Competitive strategy. Techniques for analyzing industries and competitors. Free Press, New York

Porter ME (1985) Competitive advantage. Creating and sustaining superior performance. Free Press, New York

Porter ME (1990) The competitive advantage of nations. Free Press, New York

Porter ME (1996) What is strategy? Harv Bus Rev 74(6):61–78

Prahalad CK, Ramaswamy V (2003) The new frontier of experience innovation. MIT Sloan Manag Rev 44:12–18

Propp VI (1972) Morphologie des Märchens. Suhrkamp, München

Rollings A, Adams E (2003) Andrew rollings and ernest adams on game design. New Riders Games, Indianapolis

Rojas P (2001) A conspiracy of conspiracy gamers. http://www.wired.com/culture/lifestyle/news/2001/09/46672?currentPage=1. Zugegriffen: 19. September 2001

Rosen E (2000) The anatomy of buzz. How to create word-of-mouth marketing. Doubleday Business, New York

Rughase OG (2002) Linking content to process: how mental models of the customer enhance the creative strategy process. In: Huff AS, Jenkins M (Hrsg) Mapping strategic knowledge. Sage, London

Ruijter A de (1991) Claude Lévi-Strauss. Campus-Verlag, Frankfurt a. M.

Schulz W (1994) Nachricht. In: Noelle-Neumann E et al (Hrsg) Das Fischer Lexikon. Publizistik, Massenkommunikation. Fischer, Frankfurt a. M.

Schulz J, Wachtel S (2003) Issue – Das Strittige als rhetorische Kategorie – Grundlegung eines Krisen-Coaching. In: Kinter A, Kuhn M, Kalt G (Hrsg) Chefsache Issues Management. Königsdisziplin der Unternehmenskommunikation. Frankfurter Allgemeine Buch, Frankfurt a. M.

Shakar A (2002) Der letzte Schrei. Rowohlt, Reinbek bei Hamburg

Siebenhaar H-P (2009) RTL kauft Wer-kennt-wen komplett. http://www.handelsblatt.com/unternehmen/it-medien/rtl-kauft-wer-kennt-wen-komplett;2139469. Zugegriffen: 3. Februar 2009

Sklovskij VB (1966) Theorie der Prosa. Fischer, Frankfurt a. M.

Sonnert G (1993) Berufsringen – eine neue Arena für die Reproduktion politischer und kultureller Werte. In: Jakobeit C, Sacksofsky U, Welzel P (Hrsg) Die USA am Beginn der neunziger Jahre. Leske + Budrich, Opladen

Spradley JP (1979) The ethnographic interview. Harcourt, Belmont

Thompson K (1988) Breaking the glass armor. Neoformalist film analysis. Princeton University Press, Princeton

Tusa J (1999) Art matters: reflecting on culture. Methuen Publishing Ltd, London

Vicari J (2009) Besser als die Wahrheit. brandeins 2:96

Vogler C (1998) Die Odyssee des Drehbuchschreibers. Zweitausendeins, Frankfurt a. M.

Voigt T (2003) Just implement it? Logos, Berlin

Wanta W, Wu Y-C (1992) Interpersonal communication and the agenda setting process. Journal Q 69(4):847–855

Watzlawick P, Beavin JH, Jackson DD (2003) Menschliche Kommunikation. Huber, Bern

Wilson K (2007) One story, many media. In: Harrigan P, Wardrip-Fruin N (Hrsg) Second person. Role playing and story in games and playable media. The MIT Press, Cambridge

Wipperfürth A (2005) Brand Hijack. Marketing without marketing. Portfolio Hardcover, New York

Wuss P (1986) Die Tiefenstruktur des Filmkunstwerks. Zur Analyse von Spielfilmen mit offener Komposition. Henschelverlag, Berlin

Zaltman G (2003) How consumers think – essential insights into the mind of the market. Harvard Business Review Press, Boston

Die Autoren

Frank Otto Dietrich's working and research interests centre on brands that function successfully in identity construction, for media presence and as an interface for business models. He has worked within agencies in the area of planning/strategy for national and international brands. After working at GREY Worldwide, Frank Otto Dietrich went on to study Communications, Strategic Marketing, Sociology and Politics. He holds a Master's degree from Berlin University of the Arts. Together with Ralf Schmidt-Bleeker, he developed the concept of Narrative Brand Plan-

F. O. Dietrich, R. Schmidt-Bleeker, *Narrative Brand Planning,*
DOI 10.1007/978-3-642-32920-3, © Springer-Verlag Berlin Heidelberg 2013

ning, and at the start of 2012 they founded the WAALD Creative Group. WAALD Creative Group is developing exciting concepts for brands in the digital age. Today, Narrative Brand Planning provides the core methodology for their work.

Ralf Schmidt-Bleeker's work focuses on complex aspects of brand meaning and their management. He is particularly fascinated by the conflicts and ambivalences that make brands exciting and successful. Ralf Schmidt-Bleeker worked for the WPP agency Arthur Schlovsky, among others, in the area of planning/strategy for national and international brands. He initially came to the industry from a visual perspective as a trained media designer, before completing a Master's degree in Communications, Strategic Marketing, Sociology and Politics at Berlin University of the Arts. Together with Frank Otto Dietrich, he developed the concept of Narrative Brand Planning, and at the start of 2012 they founded the WAALD Creative Group. WAALD Creative Group is developing exciting concepts for brands in the digital age. Today, Narrative Brand Planning provides the core methodology for their work.

Printed by Books on Demand, Germany